リンゴがリンゴであるために

子どもたちの「今」に寄り添う

道前弘志

GENTOSHA
幻冬舎MC

リンゴがリンゴであるために

子どもたちの「今」に寄り添う

道前弘志
MICHIMAE HIROSHI

幻冬舎 MC

リンゴがリンゴであるために

——子どもたちの「今」に寄り添う——

はじめに

現象学の世界では「リンゴが存在するのは、そこにリンゴがあると思う人によって存在する」と考えるそうです。リンゴに関心がなく見ようとしない人にとっては、リンゴは存在しないのと同じというわけです。

また、人は同じものを見ても、それぞれの興味や関心の度合いによって見え方が違ってきます。つまり、同じリンゴでも、リンゴが大好きな人とそうでない人、良い思い出がある人とそうでない人とでは、頭の中にイメージするリンゴは微妙に違ってきます。厳密に言えば、目の前のリンゴはそれを見る人の数だけ存在するのです。

多様化が進んだ現代社会においては、リンゴのような「モノ」に限らず、努力や勤勉、優しさや思いやりといった抽象的な概念に至るまで、そのとらえ方も多種多様となっています。

学校に対するまなざしも同じです。私はこれまで児童生徒に「当たり前のことを当たり前にやろう」と何度も訴えてきましたが、今、その「当たり前」が見えにくくなってきました。それは、学校に対する期待や意味づけが変化しており、一人ひとりがそれぞれに違ったイメージを学校に抱いているからでしょう。ある人の「当たり前」が他の人の「当たり前」であるとは限らなくなったのです。それらすべてに迎合するなどできるはずもありません。でも、今、私たちは「当たり前とは何だろう」という素朴な問いを常に頭に置いておく必要はあると思うのです。

本書は、二部構成になっています。第一部は、私が中学校の校長をしているときに教職員向けに出していた「校長コラム」に書き下ろしを加えたものです。

私は管理職として小学校、中学校のいずれも経験しましたが、いずれも先生たちは授業でも生徒指導でも懸命に頑張っていました。それなのに、その思いが生徒に十分に伝わらなかったり、保護者の理解を得られなかったりする場面に何度も出会いました。

なぜ、そういうことが起こるのかと考えているうちに気がついたのです。すべてのケースに当てはまるかどうかわかりませんが、要するに伝わり方の問題なのではないのかと。正しいことを正しいとストレートに伝えようとする真摯な姿勢や、これまで通じていたやり方を今の生徒にそのまま当てはめて信念を貫こうとする姿勢が、意に反して高圧的だと受け止められたり、「わかってくれない」という気持ちを生み出してしまっているのではないかと思うのです。生徒への接し方や言葉の用い方、何気ない所作をほんの少し見直すだけでも、互いの関係はもっと良くなるはずです。

相互の関係が良くなれば、互いに共有できる領域を見つけることができます。多様化した価値観は、一見教員の価値観とは大きくズレていると感じられることもあるでしょう。しかし、一旦互いが納得できる領域を共有すれば先生たちの努力はもっと報われ、生徒も安心して成長することができるのではないかと思います。

そこで私は、先生たちに日々の教育活動の中でほんのちょっと視点を変えてみるきっかけにしてほしいと思い、コラムを書き始めました。

これらのコラムは、どちらかというと「そもそも論」的な内容が多くなっています。生徒（生活）指導や学習指導の具体的なノウハウについて知りたい方にとっては期待外れかもしれません。でも私は、多様化が加速する社会で、教員、子ども、保護者が共有できる領域を見つけるには、どうしても「○○とは何か」という「そもそも」（原点）に立ち返る必要があると考えています。そのためにはまず、教員の側がこれまでの当たり前を「本当にそうか」と一旦疑ってみる余裕を持つこと、そしてさまざまな価値を一定の距離を置いて考え直してみる姿勢が必要です。

第二部では、これからの学校の拠り所となるものについて考えてみました。学校は今大きな過渡期を迎えています。不登校が過去最多を記録し、深刻ないじめもなくなっていません。その上、教員の時間外労働が過労死ラインを超え、教員採用試験の倍率が過去最低になっています。こうした状況を考えたとき、学校の働き方改革は最優先課題として取り組まなければならない問題です。

けれども、働き方改革は、これからの学校の存在意義に関わる重要な問題です。何を手離し、何を残すのかを、今のうちからイメージしておかないと、思わぬことが起こるかもしれません。

この本は決して、「昔の学校は良かった」などという懐古主義的なものではありません。また、働き方改革にブレーキをかけようとするものでもありません。

最後まで読んでいただければ、第一部でお示しした一つひとつのコラムの意図を含め、これからの学校が大切にしていかなければならない視点についてご理解いただけると思います。

現職の先生方には、この本を通じて子どもたちとの信頼関係をより確かなものにするきっかけになれば幸いです。また、一般読者の方にとっても、人と人との間に流れる温かい「空気」のようなものこそが、互いを支える源泉であることを再確認していただけるのではないかと思います。

目次

第二部　子どもに「寄り添う」ために

第一部

学校という「リンゴ」

リンゴがリンゴであるためには、それがリンゴであるという共通認識が必要です。それは互いがわかり合うための拠り所となるものです。学校において、教師、子ども、保護者が共有できる拠り所とは何か、私はそれを「寄り添う」というキーワードを使って紐解いてみたいと思います。

Y先生の寄り添い方

月に1回、かかりつけ医に通っています。主治医のY先生は物腰がやわらかで、いつも自然体です。相槌の打ち方が絶妙で、決して私の話を途中で遮《さえぎ》ることはありません。しっかりと受け止めてくれているのが伝わってきます。

そして、私が話し終えるのを待って、ほんの少しの「間《ま》」を取った後（この間《ま》が実に心地よい）、ゆっくりと、そして静かな口調で診察をしてくださいます。診察時間はほんの5分か10分ですが、とても気持ちが落ち着きます。

また、Y先生は、診察室に患者を迎えるとき、必ず立って迎えてくださり、診察が終わったときも必ず立って見送ってくださいます。どの患者さんに対しても同じです。

私は、これまでにいろんな病院に行きましたが、立って迎え、立って送り出す医師に出会ったのは初めてです。多くの場合、病院の先生は最初から最後まで座ったままです。中には、診察室に入った私を見ない方もいます。ちょっとしたことですが、これだけで患者側からすると自分は大切にされているんだと実感できます。

昔、先輩の先生に「職員室でプリント一つ配るのも、向きや位置を考えて机の上に置きなさい。直接手渡すときはできるだけ両手で渡しなさい。誰にでもできることです」と、教えてもらいました。若いときは「そんなこといちいちできませんよ」と心の中でつぶやいていましたが、最近になってようやくその大切さがわかってきました。こうしたちょっとした一つひとつの所作《しょさ》が「私はあなたを大切に思っていますよ」というメッセージとなって相手に伝わるのです。

こんな話もあります。あるカウンセラーのコラムにあった話です。担当していたクライエントから突然キャンセルの電話がかかってきました。カウンセリングは順調に進んでいると思っていたので驚いて理由を聞いたところ、次のように言われたそうです。「先生は私の話を聞いてくれない」と。そんなはずはないと思ったのですが、次の言葉で納得がいったそうです。「私が何か言いたいと思っても、言える間《ま》じゃない」。

コラムを書いたカウンセラーは、その経験を踏まえて次のように述べています。

「私たちの〝聴いているつもり〞がそのままクライエントに同じように感じ取られるとは限りません。〝つもり〞はあくまでも〝つもり〞にすぎないからです」

（栗原和彦、１９９６年、46頁）

また、人と人との対話については、次のように記されています。

「語られている言葉そのものよりも、その背後にある気持ちのありよう、その語られ方、そこでの間の取り方」が「渾然一体」となって重要な意味を持つのです」

（前掲、46頁）

もともと「寄り添う」とは、「からだをすり合わせるように、そばへ寄る。すぐ近くに寄る」（日本国語大辞典、小学館）という意味だそうです。最近では体だけでなく心を相手に近づけ、相手の気持ちを十分に汲み取る姿勢として使われることも多くなりました。ブラックと言われるほど忙しい学校現場ではありますが、子どもたちにかける言葉や、ちょっとした「間《ま》」、何気ない所作を見直すことにさほど時間はかかりません。それらは「自分のことを大切に思ってくれている」という安心感として子どもたちに必ず伝わります。そのとき初めて、私たちは子どもたちに寄り添うことができるのだと思います。

そして、こんなことを言う人もいます。

「愛とは、相手（対象）が相手らしく幸せになることを喜ぶ気持ちである。
欲望とは、相手（対象）がこちらの思い通りになることを強要する気持ちである」
（泉谷、２００６年、１４６頁）

「寄り添う」の本質はここにあると思います。

A先生の昔話

ある中学校のA先生の話です。A先生は、新任5年目の独身男性。最初は、ほとんどの生徒にそっぽを向かれ学級崩壊を起こすほどの状態でしたが、それを何とか乗り越えて教員としてのやりがいや自信も生まれてきた頃のことです。

A先生は、二年生の担任でした。学級経営は順調で、生徒との人間関係も良好でした。そのクラスにBさんという女子生徒がいました。Bさんは、多少感情の起伏が激しいところがあったものの、学習面にも部活動にも前向きに取り組んでいて、誰よりも学校生活を満喫しているように思えました。

ところが、一学期も半ばに差しかかった頃、あれだけ明るく覇気《はき》のあった彼女が浮かない顔をするようになりました。A先生は、彼女の様子が気になっていました。

A先生は生徒指導室でBさんとゆっくり話をすることにしました。

「最近何か嫌なことでもあったの?」

そう問いかけても、最初は何も言いませんでした。

「そうか、それならいいんだけど、どうも最近あなたの様子がおかしいような気がしてなあ」Bさんはそれを聞くと、まるで箍《たが》が外れたように急に泣き出したのです。そして、家庭で自分の父親と母親が毎日怒鳴り合いのケンカをしている、このままだと離婚することになりそうだと言葉を詰まらせながら話し始めました。あんなに仲の良かった両親がいがみ合い罵《のの》り合っているのを毎日目の当たりにして、どうしてよいかわからない。でも、誰にも相談できない。このまま家庭が壊れてしまったらどうしよう――彼女の思いは切実でした。

A先生は、何をどう答えてやればよいのかわからず、ただ聞くことしかできませんでした。そして、彼女のつらい話を聞いているうちに胸が詰まり、自然に涙が零《こぼ》れ落ちてきました。

「そうか。それはつらいなあ」と言うのが精一杯でした。何の力にもなれない歯がゆさがA先生の全身を覆いました。

その年の修業式が終わった後、Bさんが A先生のところにやってきました。最近は、ようやく両親の関係が良くなって、前のように落ち着いた家庭に戻っていると話してくれたそうです。そして、こう言ったのです。

「先生、ありがとうございました。あのとき、私、ほんっとにうれしかったんです。私のために泣いてくれる人がいるって思うだけで」

こういうのが、教員の醍醐味というのでしょうか。

鏡は先に笑わない

この言葉は、「鏡に映っている自分が笑っているのは、自分が笑っているからだ」という何とも当たり前の話です。もし、自分が笑う前に鏡の中の自分が笑ったら、それはまさにオカルトの世界です。一般的な話に置き換えれば、自分が笑っていれば自分の周りの人も笑うということです。もし、自分の身近な人が浮かない顔をしているなら、それは自分がそういう顔をしているからかもしれませんよ、ということになります。

この言葉は、今から25年ほど前、県立教育研修所に勤務していたとき、隣課の課長から教えてもらいました。その課長は曲がったことが大嫌いで、部下に対しても非常に厳しい人でした。しょっちゅう部下を叱責する大きな声がフロアに響きわたり、その課のメンバー（部下）はいつもピリピリしているように見えました。その課長から、ある日突然「鏡は先に笑わないという言葉を知っているか?」と聞かれたときには、びっくりしました。普段の課長のイメージとかなり違っていたからです。初めて聞く言葉でしたが、意味はすぐにわかりました。なるほどなあ、と思いました。ちょうどその頃、私は研修所の研究紀要の起案がなかなか通らずに行き詰まっていたので、おそらくそれが顔に出ていたのでしょう。私を励まそうという優しさが伝わってきました。

ドイツの教育哲学者O・F・ボルノウ（1903－1991）は、「円熟した教育者」の三つの徳性として、「晴明、ユーモア、善意」を挙げています（ボルノウ、1989年、148頁）。

「ユーモア」と「善意」はともかく、「晴明」はあまり馴染みのない言葉です。これは「晴れやか」とか「さわやか」という意味なのですが、かなり抽象的です。ボルノウは「晴明」の反対の意味を考えることで、そのイメージを明確にしてくれます。

「……晴明の真の反対は暗さではなく、重くるしい悲しみや、不機嫌や——銷沈《しょうちん》など、要するに、どうにもしようのない息苦しい状態である」

（前掲、ボルノウ、154頁、ルビは引用者による）

もし子どもたちが、私たちの表情や仕草から「苦しみ」や「不機嫌」を感じ取ってしまえば、晴れやかな気分には到底なれないでしょう。

私たち教員は、子どもの前にいるときは、できるだけ笑顔でいたいと思っています。でも、いつも笑顔でいることは結構難しいものです。教員だって人間ですから、体調のすぐれないときもありますし、気持ちに余裕のないときもあります。子どもの言い方に腹を立てることだってあるでしょう。

そういうときにこそ、少し冷静になって、子どもの目を見てください。その鏡がどんな自分を映し出しているかがわかるはずです。そこに、ありのままの自分が映っているかもしれません。

ちなみに、冒頭の課長は自分が部下に対して厳しくなり過ぎることを自覚していて、自らの戒めのために、この言葉を大切にしていたそうです。

不易と流行

「真実は一つ」。かっこいい言葉です。でも、ひねくれた性格の私は、この言葉を聞くたびに思うのです。本当に真実は一つなのかと。

例えば、世界にはさまざまな宗教が存在します。日本では、八百万《やおよろず》の神という通り、神はいたるところにいるとされていますが、神は唯一で絶対だとする宗教（一神教）も多々あります。そうした宗教や国にとって、神の言葉は絶対的な真実（真理）です。

その言葉を拠り所にして、自分たちの考え方が正しいかどうかを判断したり、行動に移したりしているわけです。信心の程度には個人差があるにせよ、迷ったときや切羽詰まったときには頼もしい存在となるでしょう。

でも、考えてみればおかしな話です。本来なら唯一絶対の神は一人（？）であるはずです。複数いた時点ですでに唯一絶対ではないわけです。そうすると、唯一絶対の神を信じれば信じるほど、他の神を認められなくなります。一神教を否定するつもりはありませんが、他の一神教を敵視してしまうと、時にはそれがテロや戦争という大惨事につながってしまう危険性をも孕《はら》んでいるのです。

こうした「特定の問題や現実の事象をただ一つの原理で説明しようとする考え方」（精選版 日本国語大辞典デジタル）を「一元論」というそうです。一元論的なものの考え方は、正しいとする内容が明確でわかりやすい半面、他を受け入れない怖さもあるのです。

今回のテーマは「不易と流行」。教育の世界では手垢がつくほどよく使われる言葉です。一般的に不易とは、どんなに時代が変わっても不変なもの、つまり真実に近い意味で使われるのに対して、流行はそのときどきの流行《はや》りであり、いつか廃《すた》れるものというイメージがあります。

これまで教育の世界ではどちらかというと不易の方が重視され、流行は軽んじられる傾向にありました。どんなに世の中が変わっても変わらないものがある、それを伝えるのが教育の真髄だと。でも、それももしかしたら「一元論」的なのかもしれません。

もともと不易と流行という言葉は、松尾芭蕉の俳諧論書である『去来抄』（門人の向井去来著）で使われたのが最初だと言われています。その一節には、「不易を知らざれば基立ちがたく、流行を知らざれば風新たならず」とあります。

芭蕉は「不易と流行を同じ位置に置くからこそ、確かな基盤に基づいた新しい芸術が生まれる」（https://domani.shogakukan.co.jp/619595）と考えていたようです。私なりに解釈すれば新しいものを取り入れなければ不易は不易であり得ないということです。

カナダ出身のシンガーソングライター、ニール・ヤング（Neil Young）氏は、人は

「変わり続けるからこそ、変わらずに生きてきた」と言っています。

(https://www.meigenshu.net/2020/04/post_16990.html)

人類の進化も人が変わり続けたからこそ得られたのです。

教育を「誰かに何かを伝える」という最も広い意味でとらえるなら、学校も教育という不易の前では流行に過ぎません。そもそも現在の日本の学校は、1872年(明治5年)の学制発布で「全国の教育行政を文部省が統轄することを明示」し「全国を8大学区、256中学区、5万3760小学区に分け、区ごとに各1校設置する計画を規定」したのが始まりだと言われています(「我が国の学校教育制度の歴史について」平成24年1月、国立教育政策研究所、2頁)

その歴史はたかだか150年。教育の歴史から見ればほんの一瞬です。今の学校の在り方を不易とするには、ちょっと歴史が浅過ぎる気がするのです。

私たちは今の学校教育を不易とすることはできません。それは危険な一元論になりかねないからです。私たちにできることは「教育って何だろう」という素朴で根源的な問い、すなわち「そもそも論」を持ち続けるしかないのです。

「メタ」な視点

県立教育研修所に勤務していたとき、筑波大学の教授からこんな話を聞きました。その人は外国で欧米の学生と日本の学生を同じゼミで受け持っていた経験があるとのことでした。

「日本の学生に、〝小・中学校時代、国語でどんなことを習いましたか?〟と聞くと、『ごんぎつね』とか『走れメロス』とか答えます。でも、欧米の学生に聞くと『説明文の書き方』とか『小説の書き方』と答えます。つまり、日本の学生は教材名を答え、欧米ではそれが何のための授業だったかを答えるのです」

自分の専門教科が国語なので、この話には衝撃を受けました。この教授の言われることがすべてだとは思いませんが、私のやってきた授業は内容の理解だけにとどまり、何のためにこの教材を使うのか、なぜ筆者（作者）はこの文（作品）を書いたのかという視点はありませんでした。

こうした「何のために」とか「なぜ」といった視点は、「メタ認知」によって可能になります。

「メタ認知（metacognition）の「メタ（meta-）」とは、「高次な」や「一段上の」という意味を持つ接頭語で、「認知（cognition）」は、見たり、聞いたり、考えたりなどといった知的営みや活動を指す言葉です。つまり、メタ認知とは自らの認知活動を高次な（一段上の）レベルから認知することを意味する言葉になります」

（久坂、２０２０年）

つまり、今自分がやっていることがどういう意味を持っているのかを「一段上の」視点によって理解しようとすることです。冒頭で紹介した欧米の学生が「説明文の書き方」と答えることができたのは、このメタ認知によって、教材の理解を超えた授業の意味を理解していたからでしょう。

メタ認知は日本語の俯瞰《ふかん》に近いものです。

例えば、校舎の全体像を写すために航空写真を使うのとよく似ています。また、車のカーナビを想像してもよいかと思います。カーナビは人工衛星（ＧＰＳ衛星など）を使って、高いところから広角でとらえることができます。角度が狭ければ、ちょっと長い距離を走るだけで、車はナビの圏外に出てしまい正確な道を知ることはできません。

国語の説明文の授業で言えば、教材の内容を正確に理解した上で、その文がどんな構成になっているのか、何のためにこの段落でこの具体例を用いたのか、そして筆者はなぜこのような文章を書こうと思ったのかなどを考える視点を持つということです。

そうした読み方をするためには、教材の全体を見渡す必要があります。全体を見渡すことで、筆者の意図が見えてきます。自分が筆者になったつもりで読むと言ってもよいでしょう。筆者は、必ず意図を持って文章を構成しているはずです。文中には書かれていない「高次な」意図を汲み取ることは、自分が説明文を書こうと思ったときに必ず生かされます。

以前注目された「ＰＩＳＡ型読解力」もメタ認知を基調としています。これも児童生徒に全体を見る目を養い、この授業が何のために為されているのかを考える視点を育てることを重視したものです。この考えは、現行の学習指導要領にも生かされています。

そして、メタ認知は私たちが仕事を進める上でも重要です。今、目の前でやっていることが子どもたちのどんな力を育てることにつながるのかをほんのちょっと意識するだけで、児童生徒への発問や声かけも変わってくると思います。

また、自分よりも少し経験のある人になったつもりで（授業で筆者の視点を持つのと同じように）その人を見てみることも大切です。学級担任なら学年担当を、学年担当なら教務の先生を、教務の人なら教頭先生を、教頭先生なら校長先生を、といった具合に。

自分のことで精一杯だという人も、ときどきでよいので試してみてください。きっとそこに新しい発見があるはずです。「自分ならどうするだろう」と考えるだけで自分の視野を広げることができます。その姿勢は、将来その立場に立ったときに生かされるだけでなく、自分の仕事や学年のことを俯瞰する視野や思考を持つことができ、そこから今やっていることの意味が少しずつ見えてくるのではないかと思います。

「努力」の扱い方

「努力することは大切だ」というのは、誰もが認めることでしょう。私も学級担任や部活動の顧問として何度も子どもたちに訴えてきました。そんなとき「努力は必ず報われる」という言葉をセットにしていました。そうしないと説得力がないからです。

でも、報いとは何かについて、深く考えたことはありませんでした。

ちょっと古いデータですが、２００７年にベネッセ教育総合研究所が行った「学習指導基本調査」によると「日本は努力すれば報われる社会だと思うか」という問いに「そう思う」と答えたのは、小学生68・５％、中学生54・３％、高校生45・４％、大学生では42・８％だったそうです。

私たちは、日々の子どもとの関わりや道徳の授業を通して努力することの大切さを伝えてきたつもりです。ところが中学生の半分近くが努力は報われないかもしれないと考えているというのです。かなりショッキングなデータです。

私たちは、努力の大切さと目に見える結果をついついセットにして考えてしまいます。夢を持ち、目標を定め、そこに向かって努力することは素晴らしいことです。でも、努力と結果を強く結びつけ過ぎると、子どもたちは、結果が出ない努力は無駄だと感じてしまいかねません。本来、努力というのは努力することそのものに意義があるはずです。

オリンピックに３大会連続で出場を果たした、あるトップアスリートはこう言っています。

「たとえ結果が思うように出なくても、努力は無駄だったと思ってはいけない。何かに向かっていたその日々を君は確かに輝いて生きていたではないか。それが報酬（ごほうび）だと思わないか」

私たちは、部活動などで大きな大会に出場したり、好成績を収めたりした生徒やその部に対して、当たり前のように「よく頑張ったね」と言います。でも、その前に結果が出せなかった子どもたちにどんな言葉が用意できるかを考えておく必要があります。それを準備した上で、結果を残した子どもたちに賞賛の言葉をかけることが必要です。

順位や成果を目標にするからこそ得られるものもたくさんありますが、努力は結果のためにだけあるのではなく、自分の人生を豊かなものにするためにあるのだと思います。

目に見える結果を報酬とする考え方は、時に子どもたちを追い込んでしまいます。

経済的格差や貧困が問題視され、ヤングケアラーと呼ばれる子どもたちが増えていると言われています。努力できない環境の中で生きざるを得ない子も少なくありません。そうした子が「結果が出ないのは自分の努力が足りないからだ」と謙虚に受け入れて、報われることを期待しなくなってしまっているとしたら、こんな悲しいことはありません。

社会学者の土井隆義氏は『「宿命」を生きる若者たち　格差と幸福をつなぐもの』（岩波ブックレット、２０２１年）において、ＮＨＫ放送文化研究所『放送研究と調査』（２０１３年３月号）の中の「中学生・高校生の幸福感（とても幸せだ）の推移」に基づいて「自分を幸福と感じる中高生はこの二〇年間ずっと増え続けて」（11頁）いるとしながらも、他の数多くのデータや文献をもとに、その幸福感は「……皮肉にもその劣悪な環境に自身が置かれているため、状況を正しく理解するための広い視野を身につけたり、その判断能力を育んだりできる機会に恵まれていません」（前掲、土井、１１６頁）と分析しています。

私たちは、努力したことで得られる結果の尊さとともに、一人ひとりの環境や背景に寄り添いながら、たとえ結果は出なくとも努力は必ず今の自分の人生（生活）を豊かにする「ごほうび」を与えてくれるということを、機会あるごとに伝えていかなければいけないと思います。

言葉は生きていく

私は、小学校1年生のとき牛乳が大の苦手で、ほとんど飲めませんでした。それでも毎日給食には牛乳（当時はビン入りでした）が出されます。全部飲まないと先生に叱られると思い、私は一計を案じました。私の座席が最後列の入り口に近いことをよいことに、先生の目を盗んで教室を抜け出し、近くの手洗い場（校舎の外にありました）にこっそり牛乳を捨てて、何食わぬ顔をして席に戻ったのです。

何回かは成功しました。でもある日、牛乳を捨てている現場を先生に見つかってしまいました。「叱られる」と肩をすくめました。ところが、その先生（ちなみに女性の方でした）が私に近寄って私の肩を抱きながらこう言ってくださったのです。

「そんなに嫌いだったんだね。気づかずにごめんね」

私は、涙が止まりませんでした。

小学校で教頭をしていた頃、1年生の学級担任の先生が、ちょっと寂しそうに「この子たちは、大人になったら私のことなんて忘れてしまうんでしょうね」と言っているのを聞き、この牛乳の話をしました。そして、その先生に言いました。

「先生の顔や名前は忘れても、必ず何か覚えていますよ。それでいいじゃないですか」

私たちは、子どもたちの心の支えになるような言葉を一つでも多く投げかけられる存在でありたいと思います。そういう姿勢によって職員室の雰囲気が温かいものになり、子どもたちのいる教室にも同じ風が吹くのだと思います。

何気なく言った言葉が、言われた人間の心の中に長くとどまり、あるとき突然姿を現します。私たちは子どもを否定する言葉を心のどこかに植えつけないように細心の注意をしなければいけないと思います。でも逆に、突然姿を現した言葉がその子を勇気づけることもあるのです。教員にとってこれほどの喜びはありません。

足りないということ

今から数年前、100人ほどが集まる講演会に参加したときのことです。テーマは「地域のつながり」。いわゆる参加型の講演会で、いくつかのグループに分かれ、あらかじめ用意されたペンでコメントを書いたり、はさみで紙を切ったりといった簡単な作業が盛り込まれていて、なかなかおもしろい講演会でした。

でも、どうもしっくりこなかったことがありました。それは、はさみやペンなどの道具については、講師は「適当に取りに来てください」と全体に声をかけるだけで、配ってくれなかったのです。その上、すべて大幅に数が足りないのです。

こうなると誰が道具を取りに行けばよいのか、何人に一つの割合で道具があるのかなど、わからないことだらけです。正直「気が利《き》かない講師だ」と思いました。おそらく会場にいる多くの人が同じように感じていたと思います。

そんなわけで、私たちは最初どうしたらよいかわからないまま黙って座っているだけでした。しかし、そのうち誰かが「まず、道具の数を数えましょうか」と声を発して配り始めると「そちらの方は足りていますか」とか、「私は使い終わりましたので、どうぞ」など、あちこちから声が聞こえるようになりました。

そして、講演会の後半、講師は静かな口調でこう言われました。

「『足りない』って、人をつなげるんです」

「なるほど」と思いました。そうです。講師はわざと道具を少なめに準備し、細かな指示をしなかったのです。

「ペンやはさみが全員分あれば、貸し借りのための会話は必要ありません。お互いのことを気遣う必要もありません。でも、何か足りないものがあるからこそ、人間はそれを何とかしようと知恵をしぼり、協力し合うことができるのです」

私は、ほんの少しでも講師のことを悪く思ってしまったことを恥ずかしく思いました。

教諭時代、一般の人（教員以外の人）から「あなたは何を教えているんですか」と、よく聞かれました。その問いにいつも戸惑いを感じていました。「国語を教えています」と答えればよいのですが、何とも言えない違和感のようなものがつきまとうのです。

それは、教えるという言葉が教員から生徒への一方向のように聞こえるからです。

教えるという行為が一方的であると、生徒は受容するだけとなります。また、そうした授業は常に与え続けなければなりません。次第に子どもたちは「次に何が必要なんだろう」と考えるのではなく、「次は何を渡してくれるだろう」と受け身になります。そして、与えられたものが不十分だと感じると、「あれがない」「これがない」「だからわからない」と不平を口にするようになります。

与え過ぎないこと、これからの教育では、とても大切なことの一つだと思います。

自分らしさを知る方法

私たちは、どうして自分の顔を知っているのでしょうか（こんな疑問を持つ人は少ないと思いますが）。本来人間の目は、構造上自分の顔を直接見ることはできません。それでも私が私の顔を知っているのは、鏡や窓ガラスなどに映った自分の顔を見たことがあるからです。あまりにも当たり前のことですが、自分らしさとは何かと考えるとき、この「映る」（「映す」）ということがとても大切になります。

アメリカの社会学者C・H・クーリー（1864年‐1929年）という人は、「遺伝により継承されるもの以外は、他者とのコミュニケーションにより生成し形成される」（小川祐喜子、２０１０年）と考えました。そうして創られた自我を「鏡に映った自我」(looking-glass self) と名付けました。簡単に言えば、自分という人間は他者という「鏡」に映してみなければ見えないし、創り出すこともできないということです。自分らしさや個性は、自分のことであるにもかかわらず、それを知るためには、相手に話しかけ、働きかけて、相手という鏡に自分を映さなければ見えないのです。人間というのは本当に不思議な生き物です。

さて、「親ガチャ」という言葉が、２０２1年のユーキャン新語・流行語大賞のトップ10の一つに選ばれました。受賞に際して、次のようなコメントが添えられています。

「ガチャガチャで出てくるアイテムのように親を自分で選べないことで、親が当たりだったりはずれだったりすることをひと言で表現したことば。生まれた時の環境や親で自分の人生が決まっているという人生観が今の若者に広がっているのだ

という」　（「現代用語の基礎知識」選2021ユーキャン新語・流行語大賞）

確かに、人の生き方に遺伝の影響はあるでしょうし、音楽家の家庭で育った子がその影響を受けてすぐれた才能を開花させることがあるように、生まれ育った家庭の影響を無視することはできません。クーリーの指摘が正しければ、子どもが最初に鏡として自分を映し出すのは親ですから、その影響は絶大でしょう。

でも、やがて子どもは家庭から地域へ、そして学校へと生きる世界を広げていきます。そこで多くの人と出会うことによって自分を映す鏡を増やしていきます。新しい鏡は新しい自分の発見につながります。そして、今後の人生で彼らがどんな鏡にどれだけ出会うかは誰にもわかりません。だからこそ、彼らの可能性は無限であるといえるのです。

生まれたときの環境や親で自分の人生が決まっているという人生観を持っている子どもほど、私たちの磨かれた鏡を必要としています。子どもたちは、先生方とふれあい、会話しながら、それを鏡として自分を映し出し、その反応を確かめ、自分という人間を少しずつ創り上げていきます。私たちが鏡であるためには、子どもに対する思い込みや決めつけをできるだけ取り除き、ありのままの生徒を見ようとする姿勢が必要です。その姿勢は、きっと私たちの鏡の研磨剤になるはずです。

私たちは、それぞれの立場で一人でも多くの生徒の鏡となることで、子どもたちが自分でも気づいていない可能性を映し出せる存在なのです。

電話っ子

自宅に初めて電話がやってきたのは、私がまだ小学校に入学するかどうかの頃でした。いわゆる黒電話です。たまたま私一人で留守番をしていたある日、突然電話のベルが鳴りました。予想以上に大きな音に心臓が飛び出るかと思うくらいびっくりしました。

恐る恐る受話器を取ると、いきなり男の人の声。その男性は私にこう言いました。「○○さん（父の名前）はいらっしゃいますか」。私は首を振りました。何度か同じ質問をされた後、電話の男性は「お留守なんですか」と聞いてきたので、私は頷《うなず》きました。それでも電話の声はまた「お留守ですか」と聞いてきます。ちゃんと答えたのに……。私はさっきより大きく首を縦に振りました。電話の男性はついに諦めて「また、かけます」と言って電話を切ってしまいました。

そこでようやく気づきました。電話では顔が見えないんだ、いくら大きく頷いても声を出さなければ相手には伝わらないんだ、ということに。今では信じられない話です。

今や、電話はスマホに代わりました。こうした環境が子どもにどんな影響を与えるのかは別として、すでに日常の風景となっているのは確かです。

さて、この前とても興味深い文章に出会いました。『いじめはなぜなくならないのか』という研究書の中で、今から40年以上前の1979年に読売新聞社婦人部に書かれた記事として、次のような文が引用されていました。

「いまの子どもたちにとって、テレビと同様、電話も、物心ついたときからのおなじみ。足にたよらず、電話にたよる行動形態が身についた〝電話っ子〟なのだ」

（寺井、２０２０年、47頁）

筆者は「この文章の「電話」を「スマホ」に入れ替えると、そのまま現代の状況が書かれているかのようである」と述べています。そして、「足にたよらず」という表現から電話ばかりかけている子どもを「問題」として扱っている様子が窺《うかが》えます。

しかし、そもそも問題というのは、それを問題ととらえる人によって問題になるわけです。人はわかりにくいものに出会うと、それを問題ととらえる傾向があります。「最近の若い奴は……」という物言いはその最たるものでしょう。若者が「わかりにくい」と感じられるとき、上の世代の者は自分たちの価値観を脅《おびや》かされる不安を感じます。その不安から身を守るためには、わからない相手を否定するのが最も手っ取り早いわけです。

校長だったとき、新任の先生に対する不安の声を何度か聞いてきました。そういうとき私は、何ができていないのかを具体的に確認した上で新任の先生に助言したのですが、最後に必ずこう言うことにしていました。

「これからの学校を背負っていくのは、あなたのような若い世代です。遠慮することなく、どんどん新しいことを提案してください」

世の中が変わり、価値観も多様化している中にあって、若い先生の感覚は宝です。学校に新しい風を取り入れるためには、現代社会の影響を最も強く受けている若い人の感覚を積極的に受け入れる姿勢が欠かせません。

自分の足を使わないと揶揄《やゆ》された「電話っ子」は今、50歳を超えた頃でしょうか。その世代が「スマホっ子」の将来を心配しています。歴史は繰り返すということでしょうか。

「ね」と「か」と「は」

コンビニで煙草を買います。レジの後ろにある煙草の棚には、番号が付されていて「○番の煙草をください」と言うと、その番号のところから煙草を取ってくれます。そこまでは、何の違和感もありません。ところが、店員の中にはこういう人がいます。「これでよろしいですね」。語尾が「ね」なのです。この「ね」は、相手に確認を求める「ね」です。文法的に間違っているわけではありませんが、何か違和感が残ります。特に「ね」を強調した言い方をされると、何だか押さえつけられているような、あるいは疑われているような感じがするのです。「本当に間違いないですよ**ね**」「あなたがそう言ったんだから、**ね**」というふうに。店員の方に悪気はなく、丁寧に話しているつもりなのだとは思いますが……。

まあ、たいしたことではないとは思うから、文句も言わず「はい」と答えて煙草を受け取ります。でも「これでよろしいですか」と語尾を「か」にしてもらうと気分はまったく違います。それは、疑問の形で聞かれることによって、渡された煙草が本当に希望通りだったかどうかを最終確認する機会を「私に」与えてくれるように感じるからです。

「ね」が誤解されやすいのは、相手のミスや言い間違えを指摘するときにも使われるからです。「この前、あなたはこう言いましたよね。今さらおかしいじゃないですか」というときの「ね」です。たかがひらがな一文字のことですが、相手が抱くイメージは大きく変わります。言い方にもよりますが、本当に相手のことを気遣っている人なら、この場合「ね」は使わないはずです（ただし、「ね」は使い方によってとても温かい響きを持ちます。「よく頑張ったね」の「ね」、「元気でね」の「ね」など）。

コロナ対策のため置かれるようになった自動検温器にも違和感があります。顔を突き出すと次のような機械音が流れます。

「温度　は　正常です」

ひねくれている私は、この「は」がどうも引っかかります。温度「は」正常だと言われると、一瞬、他のことは正常じゃないの？　という気になるのです。いちいちこんなことを考えるのは、国語教師の職業病かもしれません。ただ、そんなとき、私もこれまで子どもに対して同じ思いをさせてしまったことはなかったのだろうかと思うのです。「スポーツ　は　よくできるね」、「勉強　は　よくできるね」と言って、褒めたつもりになっていたのではないかと。

子どもは、先生のことをとてもよく見ています。そして、私たちの表情や声のトーンに敏感に反応します。まるで特別なセンサーを持っているかのようです。今、自分（教員）の言葉がどう伝わったか、その答えは聞いている子どもにしかわかりません。ただ、違和感というセンサーが働いたとき、子どもの目は微妙に変化します。それは、「センサーが働いているかもしれない」と思う者にだけしか見えないのかもしれません。

理髪店に行ける理由

私たちはなぜ、髪が長くなると理髪店や美容院に行けるのでしょうか？（普通の人はこんな疑問は持たないと思いますが）それは、理髪店を信用しているからです。理髪店の人は、さまざまな刃物を持っています。はさみや、かみそりなど悪気があれば凶器にもなり得るものをたくさん持っているわけです。それでも、私たちは髪を切りに行くことを不安だとは思いません。そこには、「店員さんが、その刃物を持って自分に切りつけてくるようなことをするはずがない」という信頼感があるからです。

厳密に考えれば、そこに根拠はありません。最近流行《はや》りの言葉で言えば明確な「エビデンス」はないのです。それでも気軽に髪を切りに行けるのは、社会や人間に対する信頼があるからです。「そんなことは起こるはずがない（そんな人はいない）」という信頼です。もし、少しでも「ひょっとしたら」と思ったら二度と行けなくなります。そういう疑いのない、絶対に近い信用によって、私たちは安心して身をゆだねるのです（時には、居眠りをすることさえできます）。

このことを学校に当てはめれば、学校や教員に対する信頼が十分にあれば、生徒は安心して身をゆだねられるということになります。しかし、それは容易なことではありません。多様化の時代にあってはなおさらです。価値観が多様化するということは、同じことを言っても賛同してくれる人がいると同時に、反対する人も多くなるということです。

ただ、こうした問題は今に始まったことではありません。１９００年代中頃に活躍した教育哲学者ボルノウは、当時すでに次のように指摘しています。

「教育者という職業は、彼に求められる信頼に関して、たえず過大な要求を課せられている点で、大きな困難を担っている。ここにしばしば教職に特有の悲劇が生まれる。多くの教育者が、あまりにも早く気むずかしくなり、疲れきってしまう

のは、まことにもっともなことである」（ボルノウ、1993年、124頁）

私たちは、保護者や地域からの要求を理不尽なことと感じることがしばしばあります。そして、昔はこうじゃなかったのにと感じることも少なくありません。しかし、こうしたことは、長きにわたって教職という仕事に課せられた課題なのです。

ボルノウの指摘が本当だとすれば、私たちの先輩たちも同じ悩みを抱えていたことになります。そして、その都度乗り越えてこられたからこそ、今があるのです。

気休めにしかならないかもしれませんが、そう考えるとほんの少し肩の荷が下りたような気がするのは、私だけでしょうか。

過去は変えられる

過去を変えるなど、タイムマシンでもない限り無理だとも思われるでしょう。でも、そうでもないのです。

私が新任のとき、同じ学校に一緒に採用された者が5名ほどいたのですが、学級担任は私だけでした。当時学校には、まだ校内暴力がかなり残っており、ケンカやトラブルが絶えませんでした。自分のクラスだけは荒れさせたくない、新任であることでなめられてはいけないと思い、私は、新任であることを決して口にしませんでした。そして、学級開きの日から毎日のように生徒を押さえつける指導を繰り返しました。ほんの少しでも騒がしかったり、指示を聞かなかったりすれば烈火のごとく叱りつけました。授業中にちょっと後ろを向いただけの生徒を大声で怒鳴りつけたこともあります。何とか学級が荒れないようにと懸命だったのです。

しかし、赴任したばかりの私は、学校のシステムやルールもよくわかっていなかったため、私が出す指示は間違いだらけでした。それでも私は生徒に謝りもせず、平然と新たな指示を出し続けました。まさに朝令暮改《ちょうれいぼかい》を絵に描いたような状態です。それは、私の不安の裏返しでもありました。

そのうち、生徒たちは私の指示を信用しなくなりました。それでも同じように厳しい口調で叱り続ける私に、次第に反抗的な態度を示す生徒が増えていきました。6月頃にはすでに多くの生徒が私の話をまともに聞かなくなりました。教室でケンカが始まっても仲裁に入る私の手は簡単に振り払われました。2学期になるとさらに状態は悪くなり、道徳の時間にクラスの女子が全員エスケープしたこともありました。

とにかく毎日が地獄のような日々でした。ひどいいじめも起こり、その保護者に「二度とこんなことがないようにしろ。できないのなら訴えてやる」とまで言われました。

私は学級の現状を考えると、いじめが二度とないようにする自信はありませんでした。怒り狂うご両親を前にして、ただ無言で耐えるしかありませんでした。結局、その子の母親が偶然にも学年担当の先生の教え子であったため何とか収めてくださいましたが、私の教員としての誇りはズタズタに傷つけられ、自信は一欠片《ひとかけら》も残っていませんでした。とにかく一日が過ぎればそれでよい。早く一年が終わってほしい。そればかり考えていました。完全に逃げ腰だったのです。

翌年、再度1年生の担任となった私は、二度と同じ轍《てつ》を踏むようなら、自分には教員としての適性がないということだ、そのときは潔く職を辞そうと考えていました。今度こそ最後まで逃げずに生徒に向き合おうと必死でした。

そんなある日、一人の女子生徒が話しかけてきました。前の年、私のクラスにいた子で、毎日のようにいがみ合っていた生徒です。嫌味の一つでも言うのかと思ったら、意外にもこう言ったのです。

「今の先生、なんかすごくいい感じや」

それから何年も経って、アドラー（1870‐1937）というオーストリアの心理学者の存在を知りました。アドラーはこう言います。

「人は誰もが同じ「客観的な世界」に生きているわけではなく各々自分で意味づけをほどこした「主観的な世界」に生きているということです。同じ経験をしても意味づけ次第で世界はまったく違ったものに見え行動も違ってくる」

（岸見一郎、2017年、35頁）

アドラーの言うことが正しければ、客観的な事実としての過去は変えることはできなくても、それに与える意味は変えられるということになります。悔いしか残っていないような失敗でさえ、違う意味づけが与えられれば失敗は必ずしも失敗ではなくなるのです。

私は気づかされました。一年目の失敗（だと思っていた経験）があったからこそ、それ以降の教員生活が充実したのだと。記憶から消したいとまで思ったあの一年間に、新たな意味づけが与えられたのです。

「過去は変えられる」。管理職になってから、何人かの先生にそう伝えました。自分のやったことが失敗だったと、心から悔やんでいる誠実な人になら必ず伝わると信じて。

「定義」と「いじめ」

学級担任をしているとき、学活の時間に「定義づけテスト」というのをやっていました。黒板に示した言葉を自分なりに定義してみようというもので、例えば、「鉛筆」というお題を出すと生徒が「字を書く道具」などと書きます。それを集めて生徒の前で私が読むという、至って単純なものです。

でも、これが結構おもしろい。最初は目に見える物から始めて、徐々に抽象的な言葉（概念）へと発展させます。「優しさ」や「幸せ」など、テーマが抽象的になればなるほど、生徒の回答も多様になります。生徒の持っているイメージもよく表れます。教室全体を「ほーっ」と感心させるものも結構出てきます。

もともと定義とは、「概念の内容や用語の意味を正確に限定すること」（精選版 日本国語大辞典 コトバンク）です。

例えば、新型コロナウイルスを撲滅《ぼくめつ》しようとすれば、まず、ウイルスがどんなものかという正体を知る必要があります。さまざまな分析や解析によって他のウイルスと何が違うのかを突き止め、ウイルスを限定することで正体が判明し、ワクチンの開発も可能となります。まさにウイルスを定義しているわけです。それによって開発中のワクチンが、限定された範囲内でどのくらい効果があるかということがわかるわけです。

ところが、学校におけるさまざまな課題、特にいじめについては誰も明確な定義を持ち合わせていません。これが問題を複雑にしています。確かに文部科学省は定義を示していますが、現在の定義は範囲が広く、限定が非常に難しい内容です。

「児童生徒の問題行動等生徒指導上の諸問題に関する調査」において、昭和61年度に定義されていた「①自分より弱い者に対して一方的に、②身体的・心理的な攻撃を継続的に加え、③相手が深刻な苦痛を感じているものであって、学校としてその事実を確認しているもの」から、「一方的に」「継続的に」「深刻な」といった文言がすべて削除され、現在では、いじめは被害者が「いじめられた」と思うことによって事実上成立することになりました。

しかし、いじめられた側にもいじめについての明確な定義があるわけではなく、冒頭の「定義づけテスト」と同様、あくまで個人のイメージなのです。自ずと生徒一人ひとりのいじめの定義もそれぞれ違ったものにならざるを得ません。

文部科学省が定義を広くとらえるようになったのは、いじめによる自殺など重大な事態が後を絶たないため、早期発見、早期対応を緊急課題としたからです。いじめによって自ら命を絶つという数多くの悲劇があったことは忘れるわけにはいきません。けれども、深刻ないじめをなくそうとしたことで、皮肉にもいじめの増減さえよくわからない事態となっています。それぞれに定義が違うものを集計しても正確な経年比較はできないからです。また、明確で統一された限定がないということは、正体がはっきりわからないということです。正体がわからないものをなくすことは、理論上不可能です。

新聞やニュースではよく「いじめ過去最多」などと報じられます。それを見た子どもや親は「やっぱりなくならないのか」と感じ、いじめに対して、より敏感になり些細なこともいじめだと感じやすくなります。いじめがなくならない隠れた原因の一つがここにあります。

また、いじめの認知件数が増えるほど、その対応に多くの時間を割く必要があります。教員としては、超多忙な日々の中でこれまで以上に十分な対応をすることができなくなるだけでなく、「本当に深刻ないじめを見逃してしまっているのではないか」という不安をいつも抱えざるを得ません。

このような状況で私たちにできることは、目の前で起こっていることが生徒にとって望ましいかそうでないかを考えることに集中することです。いじめかどうかという識別よりも「生徒にとって何が良くて、何が悪いのか」を考える方がずっと重要です。

自由という選択肢

自然学校に行ったときの話です。雨が降っていたので飯盒炊爨《はんごうすいさん》で作ったカレーを隣接した部屋に移動して食べることになりました。全員が食事する部屋に入ったのを見届けて中に入ろうとしたとき、すべての靴がきれいに揃っているのに気づきました。教員が指示をしたわけではありません。私は感激してそれをカメラに収め、学校だよりで報告しました。普段から先生方が学校生活の中で子どもたちに丁寧に指導してくださった成果です。

ところで、なぜ日本では昔から靴を揃えることが美徳だとされているのでしょうか。例えば、トイレなど違うはきものに履き替えて入る場所なら「次に使う人が気持ち

散らかしていても困るのは自分だけです。よく使えるため」とも言えますが、自分の靴に「次の人」は存在しません。どんなに

曹洞宗の開祖である道元禅師が開いた永平寺の拝観者入り口には、「脚下照顧《きゃっかしょうこ》」という札があるそうです。「脚下」とは足元のことを指し、「照顧」とは照らし顧みる、つまり行いを反省して顧みることで〝我が身を振り返れ〟という教えです。そこから、はきものを揃えなさいという意味につながったと言います（トランスビズ https://biz.trans-suite.jp/22041）。他には、戦国時代に「いざ」というときや、火事のときなどの緊急時に素早く外に出られるようにという合理的な理由があったという説もあるようです。

私も10年ほど前までは、はきものを揃えるのは人としての礼儀やマナーとして理解してきました。しかし、自由学園の創始者であり、日本における女性初のジャーナリストでもある羽仁もと子さんが自校の生徒に向けて語った言葉に出会って考え方が変わりました。

「あなた方には、脱いだはきものを揃える自由があります」

（渡辺、２０１４年、61頁）

これは、ノートルダム清心学園理事長の渡辺和子さんが自著『面倒だから、しよう』の中で引用したものです。渡辺さんは、この言葉を次のように説明しています。

「人間には「揃えない自由」もあるのです。理性で考えて、〝よりよい方〟を選ぶこと、これこそが人間のあるべき姿、「自由人」。教養ある人の取るべき行動なのです」

（前掲、渡辺、61頁）

また、渡辺さんは「自由人」について、アウシュビッツ収容所における以下のような例を挙げてさらに説明を続けています。

ある日、収容所で病人が出たとき「翌朝、その病人の枕許には数個のパンとスープが置かれていた」（前掲、渡辺、62頁）というのです。「病人の快復のために自分たちは空腹のまま、パンを置いて仕事に行った」人こそ真の「自由人」であると渡辺さんは述べています。

はきものを揃えることとまったく次元が違うように思えますが、どちらも自らの選択を〝よりよく生きる〟という自分の在り方を決めるための「自由」ととらえている点で共通しています。


学校で子どもがいじめを前にして見て見ぬふりをするのは、次は自分かもしれないという不安があるからだと言われます。私たちは子どもに「止める勇気を持とう」と呼びかけますが、言い換えればそれは「止める自由」をどう保障するかということでもあります。簡単にできることだとは思いませんが、止めに入った子を教員がどうフォローできるか、その在り方に子どもが安心感を持てば、深刻ないじめは減っていくのではないかと思います。

よりよく生きるための「自由」を行使したいと願っている子どもたちは、少なくないと思います。

好きこそものの……

好きこそものの上手なれと言います。野球が好きな人は誰に言われなくても練習するでしょうし、日曜大工が好きな人は毎日でも何か作っていたいと思うでしょう。好きだからこそ、多くの時間をかけ、経験豊富となり、必要な知識や技術も自然に身につきます。

しかし、この好きという感情は厄介なこともあります。

以前、県の教育委員会に勤務していたとき、上司の中に日本全国の城郭《じょうかく》について大変造詣《ぞうけい》が深い方がいました。その人は城の話をするときは実に生き生きとしていました。しかし、城にまったく興味がない私は、我慢して聞いていることを悟られないようにするために細心の注意を払わなければなりませんでした。そういう時間は実に長く感じます。

私たちの仕事は、話すことを抜きにしては語れません。だから、話術に長《た》けていることは大きな武器です。「好きこそ……」のことわざに従えば、話すことが好きな人は話術に長けていることになります。ところが、そう簡単にいかないのが難しいところです。

精神科医で青少年の心のケアに長年携わり、何度も学校に出向いて研修会の講師を務めた実績を持つ吉田脩二氏は、教員の話し方について次のように述べています。

「いつも思うのだが、一般に教師は話が下手である。ただし、決して朴訥《ぼくとつ》ではなくて、むしろ多弁である。多弁であるが内容が少ない。まわりくどくて、しかも断定しないから、結局は何を言いたいのかがわからなくなってしまう」

（吉田脩二・生徒の心を考える教師の会、1999年、201頁、ルビは引用者による）

実に厳しい。でも、あながち的外れとも言えないと思うのです。教員は一般の人に比べると話が好きな人が多いと思います。その方が教師をやる上では有利でしょう。また、経験を積むほどに話のコツがわかってきて余計に好きになっていくということもあるでしょう。でも好きになったときに気をつけなければならないのが、多弁や饒舌《じょうぜつ》です。

かつて、尊敬する先輩（元中学校長）からこんな話を聞きました。

「人前で話をするときに大切なのは、〝何を話すか〟よりも〝何を話さないか〟を考えることです」

できるだけ不要な言葉を削ることによって、最も伝えたいことがくっきりと浮かび上がってくるというわけです。実に的を射た言葉だと思います。

私たちが子どもや保護者、地域の人に何かを伝えようとするとき、ついつい、1回の挨拶の中にいろんなことを入れようと考えて、予定の時間を超過してしまうことがあります。そういうことを防ぐには「ここまで削ってよいのだろうか」と思うくらい削って、ちょうど良いくらいなのです。

特に、自分の好きなことや得意分野になるほど、あれも言いたいこれも伝えたいと欲を出し過ぎて、話の根幹がたくさんの枝葉に隠れて見えなくなってしまいます。そもそも聞く側は、枝葉の話をさほど聞きたいとは思っていないのです。

だから、聞く人を引きつける話ができる人は聞き手のために「捨てる」勇気を持っているんだろうと思います。

世の中でおもしろくない話のトップ2は、「自慢話」と「苦労話」だそうです。それは、その手の話が聞き手を置き去りにしてしまうからです。置き去りにされた聞き手は、聞いているように見えても、頭の中では他のことを考えていたりします。

教室の子ども、特に高学年から中学生くらいの子は、たとえ置き去りにされても、あからさまに文句を言うことは少ないでしょう。だからこそ私たちは、子どもが今何を求めているのかということに絶えず意識を傾ける必要があると思うのです。

とうとうと

教員対象の講演会や研修会で、講師の話が終わった後に「何か質問があればどうぞ」という場面があります。そこで手を挙げるのは勇気がいることです。だから、それができる人はすごいと思います。でも、ときどき「ちょっとそれはどうなの?」と思うこともあります。

例えば、質問をするための前置きが長いとき。質問自体は簡単なのに、「私の学校では今こういう取り組みをいついつから始めていまして……」で始まって、その取り組みの成果を「とうとうと」述べた後、ようやく質問にたどり着くというパターンです。短気な私は「早く質問してくれよ」とイライラしたりします。

また、以前経験したことですが、ある講演会の謝辞を小学校の定年間近の校長がされました。ところが、講演の内容に対する自分の意見を「とうとうと」話し始め、挙げ句の果てに「私はもっとすごいこともやっています」という自慢話になってしまいました。会場全体がしらけてしまったのはまだ許せますが、講師の先生までが明らかに不機嫌になってしまったのです。進行役の人は大変困った顔をしていました。

確かに、いろんな挨拶の中で謝辞というのは一番難しいのはわかります。その人の話を漠然と聞いていると謝辞にならないからです。でも、感謝の意を表すのが謝辞ですから、講師を置き去りにしたのでは、まさに本末転倒。またそういう人ほど、自分は話がうまいと思っているから始末が悪い。反面教師として肝に銘じました。

このように、得意だとか慣れているからというのが実は一番危ないのかもしれません。車の運転でも「俺はベテラン」と思うのが一番危ない。逆にスキーの初心者は用心して滑るため骨折しないと聞いたことがあります。

さて、こうした「自慢話」をしたがる人をどう理解すればよいのか。それを考えるのにとても良い本に出会いました。以下に、抜粋します。

「「苦労が身になる」という言葉がありますが、「経験」をした人は苦労が身になりますが、一方「体験」止まりの人は、苦労は身にならずに「勲章」になります。苦労が「経験」になっている人は、よほどこちらが質問しない限りは、自分からは苦労話をしないものですが、「体験」の人の場合は、こっちが聞いてもいないのにうんざりするぐらい苦労話をしてくれます」(泉谷、2006年、198頁)

泉谷氏は森有正氏の著、『生きることと考えること』を引用し「経験」とは、あくまで未来に向かって開かれているものであり、まったく新しいものを絶えず受け入れる用意ができているものとし「《生きているもの》を「経験」と呼び、硬直化した《死んでいるもの》は「体験」と呼んで区別しようというのが、森有正が最も大切にした理想です」としています。つまり、新しいものを取り入れようとせず自分の考えに固執する人ほど、聞かれもしていないのに「自慢話」を「とうとうと」際限なく話すのです。

人の話し方をとやかく言うお前はどうなんだという声が聞こえてきそうです。私は校長になる前も、研修所や市の教育委員会で話すことが多かったのですが、人前に立つたびに緊張し、自分のイメージ通りに話せたことはほとんどありません。学級担任をしていたときの方が、今よりずっとうまく話せていたような気がします。生徒が食い入るように聞いてくれるときの充実感や達成感は何物にも代えがたいものがあります。

おそらく、こうした充実感や達成感が得られたときの話は、自分の中で「経験」に近いものだったのではないかと思います。「体験」でとどまっている話は、ただ自分が話したいことを勝手に押しつけているだけだったのでしょう。聞いている子どもにとっては苦痛でしかありません。

自分の話が単なる「自慢話」なのかどうかは、その内容が子どもたち（聞く側）の未来につながるものかどうかで決まるのだと思います。

いずれにしても、答えは、子どもたちの聞く姿勢に「現れる」ということです。

運動会は心を育てる

「徒競走はいつも最下位……、つらい思い出」。令和3年11月1日の朝日新聞の見出しです。記事によれば、運動が苦手な子が「運動会が近づくと不安定になることも」あるそうで、「見に来ないで」と家族に言う子さえいるそうです。大人にとっては「たかが運動会」かもしれませんが、子どもにとっては重大事です。これからの運動会は、そういう子どもの気持ちにも、しっかりと寄り添いながら実施することも必要になるでしょう。

さて、かつては運動会に「徒競走《ときょうそう》」という種目がありました。最近ではあまりこういう言い方をしなくなったようですが、いわば単純に走るだけの「かけっこ」です。それでも全校児童が参加するということもあり、かつては小学校の運動会の目玉種目の一つでした。

私は、そんな「徒競走」に忘れられない思い出があります。

昔から足が遅かった私は、一人ひとりに順位がつく「徒競走」はあまり好きではありませんでした。それでも、スタートラインに立ったときに、聞き覚えのある近所のおばさんやおじさんの「頑張れ！」という声が耳に入ると、こんな自分に期待してくれていることがうれしくて、遅いなりに一生懸命走りました。

当時、私の通っていた小学校では、コースの数に合わせて6人ずつ走ることになっていました。ただ、その6人を出席番号順に機械的に決めていたので、一緒に走るメンバーは毎年ほぼ同じとなり、順位が入れ替わることはほとんどありませんでした。私は、どんなに必死に走っても毎年5位にしかなれませんでした。前を走る4位とは、いつも大きく差がついていましたし、6位の子（Mという私の大親友）との差も同じくらいありました。Mがいてくれたお陰で、私は毎年最下位を免れていたのです。

そんなある年（4年生くらいだったでしょうか）、私は気がついてしまいました。「一生懸命走っても、力を抜いて走っても、順位は変わらない。だったら、全力で走っても意味がない」と。もし、追いつかれそうになったとしても、そこから本気を出せば負けることはない。

そして、その年の運動会、私は、全力で走るのをやめ、例年の7割くらいの力で走り始めました。予想通り、中間地点で私は5位。前の子には今年も追いつけそうもありません。そして、一応「念のために」と思って、後ろを振り返りました。

そのときです。私は「あっ」と声が出そうになりました。

予想より差が縮まっていたからではありません。おそらく、このままいけば余裕で5位は確保できるでしょう。私が「あっ」と思ったのは、毎年最下位のMがまったくあきらめる素振りも見せず、必死の形相《ぎょうそう》で走っている姿が目に入ったからです。私は、その姿を見た瞬間、「負けた」と感じました。そして、すぐに前を向き直し、全力でゴールを目指しました。

私は、そのときの必死に走るMの表情を今でもはっきりと思い出すことができます。

そして、よく思うのです。

「Mは、今でも全力で走っているんじゃないか」と。

教育と振り子

「教育は、〝ある2点〟を両極として、時代によって力点の置かれ方がまるで振り子のように変わるのです」

兵庫教育大学に内地留学をさせてもらっていたときに、ゼミの教授から教えていただいた話です。〝ある2点〟とは、一方が「系統学習」、もう一方が「経験学習」と呼ばれるものです。

系統学習とは、「体系的な教材として組織された、科学・技術・芸術など、人類の文化遺産を、その体系に沿って系統的に学習すること」（岩内亮一他編、1997年、『教育学用語辞典』学文社、85頁）で、知識や技術など教科の内容をしっかりと教えるために、系統立てて順に教えていくことを重視します。詰め込み主義などと批判されることもありますが、多くの子どもたちに平等に知識や技術を身につけたり、伝統文化の継承を確実にするには効果的です。

もう一方の経験学習とは、「学習者自身の経験に基づいて行われる学習のこと」で、現在の生活に根ざした問題解決型学習や探究の授業などに通じるものです。代表的な人物に『エミール』を著したルソーや『民主主義と教育』を世に出したデューイがいます。「学習者の興味や関心に応ずる教材の選択が重視され」るなどの魅力がありますが、「基礎学力の低落が予測されるなどの批判を受けること」もあります（この段落の「　」部分はすべて前掲、岩内他、84頁からの引用）。

時代背景や政治的な影響なども含めて、教育の世界はこの二つの主義の間を揺れ動き続けてきました。最もわかりやすい例としては、いわゆるスプートニク・ショックによる大転換でしょう。経験主義は、アメリカで多くの支持を集め、戦後日本の教育にも大きな影響を与えましたが、１９５７年10月４日のソ連による人類初の人工衛星「スプートニク１号」の打ち上げが成功したことで、西側諸国（特にアメリカ）は大きな衝撃を受け、一気に系統主義へと振り子を振り直しました。たった一発の人工衛星が、西側諸国の教育を１８０度変えたのです。

この例でもわかるように、教育の核となる部分でさえも世界の情勢や政治的な意味合いによって変更されることがあるのですから、学校教育に必ずしも普遍の真理があるとは言いきれません。

でも、それではいったい何を拠り所とすればよいか。私ごときにはこの難問を解決する力はありません。ただ言えることは、今、教育について何が語られているかに常に関心を持ち、先行き不透明な社会の変化に敏感であること、そして、生徒が5年後や10年後の社会で生き抜くためには何が必要かを考え続けることだと思います。学校は、知識や技能の習得はもちろん、将来の生きる礎《いしずえ》を築くところです。その将来がどんなものかを想像することは、決して無駄ではありません。

ある教育哲学者が、真実は一つではないことを認めた上で、以下のような拠り所を提案しています。それ〈教育の本質〉は、「各人の〈自由〉および社会における〈自由の相互承認〉の〈教養＝力能《りきのう》〉を通した実質化」（苫野、２０２１年、28頁）であると（ややこしい）。

簡単に言うと、個々人の自由を最大限に尊重するが、その個々の自由は他者や社会によって互いに認め合うことを条件とする。教育は実質的にどこまでを自由として認めるかということを個々の立場や状況に応じて判断できるような力をつけることであるというのです。

言い換えれば、自由が「わがまま」になっていないかを、互いに話し合いながら求めていく力と言えばよいでしょうか。

私には今のところこれが一番しっくりきます。

公立学校の相対化

「「公立中学校はこれからどうなっていくのだろう」という漠然とした思いを抱い

たのは、今から5年ほど前だったと記憶している。都会では、私立中学校に人気が集中する傾向があると言われ、そのたびに公立中学校の意義に不安定さを感じてきた。

私の目の前にいる生徒は、近隣にほとんど私立の中学校がないため、選択の余地なく入学してくる。こういった生徒に対して公立中学校は今、近隣に私立の中学校があっても敢えて入学したいと思わせる魅力を持ち得ているのだろうか。そして、教壇に立つわれわれ教師は生徒を惹きつける何かを持ち合わせているのだろうか。本研究ではそういった疑問がきっかけとなっている。

教師がそのような疑問を「括弧」に入れて思考停止状態となれば、生徒が学校に来るのも、教師に従うのも当たり前であり、生徒の行動を「問題」と判断する基準もすべて教師の手に委ねられることになる。そうなれば、生徒が今何を考え、どんな「意味連関」(意味づけ)を持って世界を見ているのかということも全く問われることはないだろう。この問いが「学校の中で」行われなければ、教師の気づかないうちに学校は生徒によって「見捨てられる」かもしれない。そして、生徒の意識の中ではその傾向が既に見え始めている。私は、学校という教育の現場に携わる者の一人として、むやみに学校の危機を嘆くのではなく、この問題を真摯にとらえた上で、今自分に何ができるかを冷静に判断できる教師を目指したいと思う」

（道前、1996年、71頁、一部改）

兵庫教育大学の教職大学院に内地留学していたとき（当時34歳）に、修士論文の「あとがき」として書いた文章です。今読むと、かなり肩に力が入っていて赤面するばかりです。でも、その頃考えていたことは今も基本的に変わっていません。

「生徒から見捨てられる」という言い方はちょっと大げさに聞こえるかもしれません。でも、今では当たり前となった校内フリースペースの必要性を早くから主張されるなど、先を読む卓越した能力の持ち主であった森田洋司氏（教育社会学者）も1990年代初めには『「不登校」現象の社会学』の中で、すでに同様のことを指摘されていました。あながち的外れではないと思っています。

ところが、兵庫教育大学に行く前年、同僚の先生に「公立中学校は10年後も変わらず存在するかなあ」と言うと鼻で笑われました。結構本気で言ったのですが、周囲にはこの危機感はまったくわかってもらえませんでした。

教員が生徒の持つ意味づけに無関心であればあるほど、生徒の感じ方や物の見方を軽視してしまいます。その結果、生徒は「どうせわかってくれない」と思うようになり、学校につなぎとめる力（ソーシャルボンド）が弱くなった結果、登校する意欲は削《そ》がれ不登校が増えていくのです。それは学校を絶対的なものとせず「行かなくてもよい」という選択肢を持つ生徒や親が増えること（学校の相対化）を意味します。「生徒に見捨てられる」とはそういう意味です。

私は何も生徒に迎合せよと言っているわけではありません。教員が本当に子どもの成長を願うなら、一方的な指示や強制ではなく、生徒が持っている物事への意味づけを一旦受け止めなければ、決して成し得ない時代になっているということなのです。

現代社会は価値観が多様化・私事化（プライベート空間の重視）の方向で、日々変化しています。社会の変化は、個人の変化につながり、そこに生きる人々も変わり続けています。生徒や保護者から信頼を得るためには、学校（教員）も変わらなければなりません。

信頼は、学校を支える屋台骨なのです。

こんなこともあります

中学校に勤務していたときの話です。私は野球部の顧問でした。生徒も保護者もとても熱心で、少々厳しい練習をしてもクレームはほとんどありませんでした。

逆に「先生、うちの子が練習から帰ってきた姿を見たが、ユニホームが汚れてないじゃないですか。本当に練習したんですか」といった「もっと頑張れ」的な声がほとんどでした。もともと野球が好きな私にはうれしい「クレーム」でした。

そんなある日の昼休みでした。キャプテンのTさんが私のところに来てこう言いました。

「部員の○○さんが、先生のいないとき、たいした理由もなくときどき練習を休んでいます。注意しても聞きません。どうしたらいいですか？」

Tさんは、キャプテンとしてチームの雰囲気を壊すような行為は許せないと感じていたのでしょう。でも、それがうまく伝わらない。真剣な訴えでした。

以下、私とTさんとの会話です。

私「Tさんは、野球部になぜ入りましたか？」

T「僕は、野球が好きだから入りました」

私「そうか。じゃあ、あなたはときどき休むその子を、うらやましいと思ったことはありますか。そして、練習に参加して損をしたと思ったことはありますか？」

T「そんなこと思ったことはありません」

私「そうですよね。じゃあ、その子に言ってやってください。練習は楽しい。やれば必ずうまくなる。参加しないなんてもったいないぞって」

Tさんの表情がパッと明るくなりました。そして、私の前から走るように去っていきました。きっと、少しでも早くその子に伝えたかったのだと思います。

こんなこともあるのです。だから教員はやめられないのです。

言わずもがなのことですが、これは私の指導が良かったのではなく、Tさんという子が素直で野球が大好きだったから成立した話です。最近、このことを思い出して感じるのです。もしこれが野球部の話ではなくて学級の話だったらどうだっただろうと。

私たちは、学級の中で規則を守らない子や授業中に寝る子を見つけたら、その場で注意します。繰り返す子には厳しく指導することもあるでしょう。それが正しく導くことだと信じるからです。

また、ある子に対して違反を注意したのに、別の子に注意しなかったら、「あの子だけズルい」と周囲の生徒は思うでしょう。だから、生徒指導は教員が一枚岩にならないといけないわけです。

でも、当時、校則違反をした子に「規則を守らないともったいないよ」と言える根拠を私は持っていたのだろうかと今さらながら思います。授業中寝ている子に「起きてないともったいないよ」と授業中に生徒同士が声を掛け合えたらどんなに素晴らしいでしょう。

規則を守ることも、集中して授業を受けることも、それが自分の成長につながるのだという生徒の納得と実感を引き出せる力が当時の私にあれば、生徒たちはもっと前向きになったに違いないと思うのです。

褒めるということ（1）

中学校の教諭時代、私のクラスにMさん（2年生男子）という生徒がいました。口数は少ない子でしたが、非常にまじめな子でした。特に、掃除の時間は、周りの子がどんなにサボっていても、いつも黙々とまじめに掃除に取り組んでいました。

ある日、私は教室の真ん中で、周囲に聞こえるようにMさんを褒めました。

「Mさんは、いつ見ても手を抜かずに頑張っているなあ」と。

その瞬間、信じられないことが起こったのです。普段温厚で怒りをあらわにすることなど一度もなかったMさんが突然、ほうきをその場に投げ捨て、教室の隅で座り込んでしまったのです。その顔には怒りともとれる表情が窺《うかが》えます。状況から考えて、私が褒めたことが原因だというのは理解できましたが、それでもなぜこうなったのか、若かった私にはまったくわかりませんでした。

その日の放課後、家庭訪問をしてMさんのお母さんと話をしました。そのとき初めてMさんの気持ちがわかりました。お母さん曰く、

「あの子は、ものすごくまっすぐな性格でね。親の私でさえ融通がきかないなあと思うことがあるくらいです。今日のことは本人から聞きました。自分はやるべきことをやっていただけなのに、あんな褒められ方をしたら、褒められるためにやっていることになってしまうって。そういう子なんです」

子どもは褒められて喜ばないはずはないという私の思い込みが、結果的にMさんの誇りを傷つけてしまったのです。

私たちは、子どもが何か良いことをしたら褒め、良くないことをしたら叱ります。それは子どもが少しでも正しい行動がとれるようにという、教員の善意から生まれるものです。

基本的には、叱るより褒めることの方が大切だと思います。でも、褒められる側に立たない褒め方は、私のような失敗を生み出してしまいます。小学校の低学年の子なら、みんなの前で褒めればストレートに喜ぶかもしれませんが、思春期真っ只中の子を同じように褒めても効果的とは限りません。

しかも、Mさんのケースでは、私に「邪《よこしま》な」考えがありました。私は、Mさんを利用して、他の子に「まじめに掃除しろ」というメッセージを送ろうとしたのです。これでは、褒めたことにはなりません。私の邪《よこしま》な考えをMさんは即座に見抜いたのです。

子どもを褒めるときに大切なのは、その子が今何を考えているのか、どういう個性を持っているのかを踏まえておくことだと思います。当然、発達段階も視野に入れなければなりません。そして、発達段階は年齢だけで決まるものではありません。そうしたことが頭にあれば、私の失敗は防げたと思います。Mさんのような子には、掃除時間外にさりげなく本人にだけ伝えれば、それで十分だったのです。

「今、息子は走りに行っています。陸上部に入ってから一日も欠かしたことはありません。でも今日は、先生が来るのがわかっていたから、会うのが照れ臭かったんだと思います」

お母さんの言葉に、ほんの少し救われた気になりました。

褒めるということ（2）

褒めるについての第2弾です。まずは、日本を代表する精神科医の中井久夫氏の言葉をお読みください。

「かりに就職がうまくゆかなくてすぐに辞めても「まだ早いか、きみには合わないことが分かったから、〝実験は成功だ〟」」

（斎藤環、2022年、19頁）

中井氏は統合失調症の研究が専門で、それまで、一度重症化したら絶対に治ることはないとされていた統合失調症が治る病気であることを実証した人です。

冒頭の言葉は、快方に向かっているクライエント（患者）が「就職したい」と希望し、実際に就職したのですが、うまくいかずリタイヤしたことを聞いて患者に贈った言葉です。

普通なら、「それは残念だったね。でも、またチャンスはあるよ」といった助言をする場面でしょう。それでもかなり思いやりのある助言だとは思いますが、これではあくまでもクライエントの行動が失敗だったという前提で話されていることになります。

それに比べ中井氏は、普通なら「失敗」だと思われる行為に対して「成功」だと伝えることで、その行為に前向きな意味を持たせたのです。クライエントからすればこれほど勇気づけられる言葉はないでしょう。

前出の心理学者、アドラーも中井氏と同様「勇気づけ」を重視しました。ただ、アドラーは、褒めることは「相手が自分の期待していることを達成したとき」に限られる「条件つきのごほうび」であり、褒められないと失望につながる危険性があると指摘しています。若干極端な気もしますが、確かに私たちは自分の言うことをしっかり理解してくれることを条件（前提）として子どもを褒めてしまいがちです。また、褒めるときについ他の子と比べてしまったりします。

子どもの存在そのものを認めることが「褒める」ことだとすれば、他の何者とも比較しない「勇気づけ」が必要だということでしょう。

ここで重要なことは、中井氏の言葉がクライエントの心に届いたのは、言葉がポジティブなものであるというだけでなく、そこに、相互の信頼関係があったに違いないということです。もし、十分な信頼関係がなければ、この言葉は嫌味として受け取られたかもしれません。こうした信頼関係（心理学でいうラポール）は、クライエントが医師に何でも相談できる状態から生まれるものです。ラポールは相手に対して「何を言ってもいいですよ」と本気で思っていないと成立しません。

中井氏は「医者が治せる患者はすくない。しかし、看護できない患者はいない」（前掲、斎藤、36頁）とも述べています。そして、信頼関係を十分なものにするために、医療用のカルテよりも看護日誌を重視し、クライエントの普段の様子を常に気にしていたそうです。これは私たちが、日々の学校生活の中で子どもがどんな表情をし、どんな行動をとっているかを細かく見ることで、子どもを理解しようとする姿勢に通じるものです。

こう考えてくると、子どもたちが何でも話せるオーラのようなものを私たちがどれだけ出せるか、それが寄り添えるかどうかのポイントになります。

そのオーラこそが「褒める」を超えた「勇気づけ」を実現させるのです。

親心二つ

兵庫県立の「山の学校」に勤務していたとき、実習中の山の中で不自然な飛び方をしている鳥を見かけました。天敵にでも襲われたのか、羽に傷を負っているようで、今にも墜落しそうにフラフラと飛んでいます。パニックを起こしたようなすさまじい鳴き声も出しています。

私は「大丈夫ですかね」と、森林伐採のプロであるAさんに声をかけました。Aさんは、笑いながら教えてくれました。「あれはわざとやっているんです」

Aさんによると、これは鳥類の一部に見られる「偽傷《ぎしょう》」と呼ばれる行動で、翼を骨折して飛べないようにふるまったり、傷を負っているかのような動作をしたりして、巣への侵入者の注意を引き、卵やひなから外敵を遠ざけようとする行動だそうです。

いわば演技です。その話を聞いて、もう一度演技をしている親鳥を見ました。間もなく親鳥は演技をやめて、まっすぐにどこかへ飛び去っていきました。私は、ただただ感動しました。

もう一つ。

「親鳥は、巣立ちの時が近づくと、雛鳥にエサをあげなくなります。そうなると、おなかが空いてくるので、雛鳥も自分で飛んでエサをとりにいかざるを得なくなります」

（松尾、２０２２年、１５９頁）

親鳥は雛鳥の自立を促すタイミングを本能的に知っているようです。

さて、人間の場合はどうでしょう。近年、家庭の教育力が低下していると言われますが、教育社会学者の広田照幸氏は、１９３７年（昭和12年）の柳田國男の講演記録を根拠に次のように指摘しています。

「家族が直面していた多くの問題の中で、子供の問題は、優先順位が高くなかった。ましてや、子供のしつけや教育の問題は、簡単に無視できる程度のものだった。(中略)乳幼児期における母親とのスキンシップが大切だとも考えられていなかったし、子供の成長や成功を親が自分の自己実現の一部とみなすような観念も希薄であった」

(広田照幸、1999年、28頁)

この頃は、貧しい家庭が多かったこともあって、子どものしつけにまで手が回らなかったのでしょう。ただ、一定の年齢になると子どもは地域の「若者衆」と呼ばれる地域組織に組み込まれ、そこで厳しく村独自のルールを叩き込まれたそうです。だから、どちらかというと　しつけは家庭よりも地域が行っていたようです。

今の家庭は教育力が衰退したというより、むしろ教育し過ぎ(子どもに関わり過ぎ)のような気がします。子どもに対する関心が高まり過ぎて、ちょっとしたことが気になって仕方がないのではないかと思います。

近年の保護者は、理不尽な要求をすることが多いと言われますが、もしかしたらそれは、現代版「偽傷」行動なのかもしれません。それがあるべき姿なのかどうかは別にして、必死で自分の子を守ろうとしている姿なのかもしれないのです。

個別化が進む社会の中では、どのタイミングで偽傷する親鳥になり、どのタイミングでエサを与えない親鳥になれば、子どもは自立できるのかを教えてくれる人はなかなかいません。だから、保護者も不安になるのでしょう。

教員も子どもの自立のために、どのタイミングで何を求めればよいか迷います。それは、保護者と共通するものだと思います。その思いが共有できれば、こんな素晴らしいことはないと思うのです。

理想論ではありますが——。

※兵庫県立山の学校：15歳から23歳までを対象とした公立ではめずらしい全寮制のフリースクール。「自然を中心とした学びの場で、さまざまな体験活動をとおして、たくましく生きる力を培い、自信と夢と勇気をもって、兵庫の未来を切り拓く、心豊かな青少年を育成」することを目指しています。（兵庫県立山の学校ホームページより）

弱い者について

ある学校での出来事です。その学校の生徒数名が障害のある人をからかったということが校長の耳に入りました。校長は、たいそう憤慨し、すぐに全校生徒を集めて訓話を行いました。そこで、その校長は怒気《どき》を強めてこう言いました。「弱い者をいじめるのは、人間として最低の行為だ。絶対に許せない」と。

その校長は、自分の学校の生徒が非人間的な行為をしたことを非常に重大なこととらえて、まさに真剣に生徒に訴えたわけです。この思い自体は否定することはできません。しかし、生徒の中には違和感を覚える者もいました。それは、校長が障害のある人は「弱い者」であるという前提で話をしたからです。

一般に「障害者問題」というとき、障害者に何か問題があるわけではありません。

仮に、障害のある人が弱い立場に立たされているとしたら、それは、周囲の偏見や不十分な環境にこそ問題があるわけです。弱い者という言い方は、どこか上から目線であるように感じます。

そうした考え方の奥底には、障害のある人に対して何かをしてあげている、という意識が潜んでいる気がします。この校長に悪気があったとは思いませんが、一昔前の価値観が染みついていたのではないかと思います。この人が若かったときは、障害のある人＝弱い人という暗黙の了解があったのかもしれません。

どんな人間でも、得意なこともあれば、苦手なこともあります。極端なことを言えば、１００ｍを10秒以下で走るアスリートに比べれば私などはカメのようなものですが、誰もそれを障害とは言いません。また私は最近、年のせいで細かい字がよく見えなくなってきましたが、それも障害と言われることはありません（明らかに老眼です）。でも、視力が２・０の人に比べれば、見え方が制限されています。私よりもっと視力の弱い人は眼鏡をかけますし、腰を痛めている人はコルセットを巻いたりして自分のできない部分を補おうとします。歩くのが困難な人が車いすを使うのも同じことです。

部分的に弱い面を持っていることはあるでしょうし、弱っている人はいるでしょう。でもそれは、現時点でできないことがある、あるいはできなくなった人がいるというだけなのです。

体だけではなく、心も同じです。昔ならこのくらいのことで弱音を吐く生徒はいなかったと何万回ぼやいても、ほとんど意味はありません。目の前の生徒がそうであるなら、その子ができることを少しでも増やせるように支えるしかありません。簡単なことだとは決して思いませんが、少なくともその方向を私たちが見ていなければ、くじけそうになっている生徒に寄り添うことはできないと思います。

偉そうに言っている私自身、これまで多くの生徒を否定してきました。生徒のためにいつも十分に寄り添ってきたかと問われたら「NO」と言うしかありません。そういう経験を思い起こすたび私の胸に湧き上がるのは、取り返しのつかない悔いばかりです。

誰もが弱い面を持っています。そのこと自体は簡単な理屈なのですが……。

「ハレ」と「ケ」

子どもたちには「ハレ」の日が必要です。「ハレ」の日は、「ケ」の日があって初めて成り立ちます。『社会学小辞典増補版』（濱嶋朗・竹内郁郎・石川晃弘編、有斐閣、1992年、319頁）によれば、「ハレ」は「晴衣、晴の場所というふうに、人前にあること、改まった状況」を指し、「ケ」は「普段・常の意」であり、「両者は公と私、特別と日常、聖と俗の対比を示す」とされています。

また、教育哲学者ボルノウは、この「ハレ」の日に行う「学校における祝祭」について次のように述べています。

「……荘重・厳粛な祝いの経験は、それ自体、決定的な人生経験なのである。なぜなら、ある具体的なきっかけから、一般に人生のいっそう深い意義、つまり、人間がそれによって生きる歴史的基底が、祝いの荘重さのなかで経験されるからである」

（ボルノウ、1993年、182頁）

ここでいう「歴史的基底」には、個人のそれまでの過去はもとより、自分の住む国や地域の文化や歴史の重みを身を持って感じるという意味を含んでいます。ボルノウは、教育を支えているものは、一種の「雰囲気」であると主張し、特に「ハレ」の日には、この雰囲気が重要だとしています。

学校でいうと卒業式は、まさに「ハレ」の日に当たります。

卒業式では歩き方一つとっても日常とは違うやり方をしますが、それは「ハレ」の日として一定の厳粛さを保つためです。その厳粛さが、会場全体の雰囲気を「ハレ」にふさわしいものとし、ボルノウのいう「歴史的基底が、祝いの荘厳さのなかで経験される」場として成立させているのです。

学校は、社会の変化に合わせて柔軟に変わっていかなければならないと思います。

でも、この卒業式だけは、やはり一定の雰囲気（厳粛さ）が必要だと思います。卒業式を「ケ」のようにしてしまうことは、学校における「ハレ」を学校が自ら放棄することです。

学校が「ケ」だけになれば、子どもたちは理屈を超えた教育的な雰囲気を肌で感じる貴重な場を一つ失うことになります。

近代以降、科学は目覚ましい進歩を遂げました。人類が月に行き、ミクロの世界では遺伝子の組み換えが可能になり、そのことによって多くの難病が治せる世の中になってきました。

反面、大量殺人が可能な核兵器を生み出してしまったのも科学です。

本来、科学は人間の善と幸福のために寄与するものだと思います。私は、宗教家ではありませんが、すべてを科学が解明できると思うのは人間の奢《おご》りなのかもしれません。

ボルノウのいう教育を支える雰囲気は、科学的には立証できません。それでも、私たちは子どもたちと関わる中で、その成長ぶりを前にして、理屈や理論だけで解明できない何かを日々肌で感じています。それは、目に見えないもの、数値で表せないものの中に、教育にとってかけがえのないものがあるという証しだと思います。

子どもの「目覚まし」

「最近、家で何をしているんですか?」

退職して間もない頃、よくこんな質問をされました。私はそのたびに答えます。

「本を読んでいるか、何か書いているか、ですね」

「書いているって?」

多くの人は、一瞬軽い驚きを持って反応します。読書には、さほど違和感はないようですが、「書く」となるとあまり皆さん馴染みがないようです。

本を読んでいると、素晴らしい言葉に出会ったり、新しい知識を得られることに喜びを感じます。過去の記憶を蘇らせてくれたり、それまで感覚的でしかなかったものが形ある言葉になって浮かんできたり、曖昧《あいまい》だった考えがはっきりとした形になることもあります。そうしたとき、自分なりに文章で表してみたいという欲求が生まれます。だから、読んでいるうちは何かしら書くことは浮かぶだろうと、のんきに考えています。

さて、私が「書いている」ことを告げて、一人だけまったく違った反応を示したOという男がいました。Oは、歳は一つ上ですが大学時代の同期生で、同じクラブで共に汗を流した仲間です。私が、退職の挨拶状を送ったのを見て、電話をかけてきてくれました。

そのとき冒頭と同様の会話をしました。私が、「書いている」ことを告げるとOは、「俺もなあ、今、放送大学の講義受けとるんや」と答えました。

びっくりしました。彼は当時から純粋な人間でしたが、自分から何かを勉強しようというタイプには見えなかったからです。どういう心境の変化かと思いきや、続けてこう言いました。

「実は俺、癌《がん》の手術したんや」

経過は良好だと言っていましたが、抗がん剤を打ちながら小学校の校長として勤務するのはさぞつらかっただろうと思います。その彼が定年退職して、まずやり始めたのが「勉強」だったのです。彼は、「まだまだ、知らんことが多い。せめて自分の興味のあることだけでもしっかり勉強したい」と思ったというのです。生死の狭間《はざま》を乗り越えた彼の言葉は、私の心にずしりときました。

人間は、もともと学びたい生き物なのだと思います。当然、子どもたちもみんな、学びたい、わかりたいと思っているでしょう。最近、さまざまな理由でそれができない子も増えています。そういう子どもに少しでも「できる・わかる」喜びを与えられたらどんなに素晴らしいかと思います。授業の内容をすべて理解できなかったとしても、一部分でも「わかった」と感じた喜びは、いつまでも心のどこかに残っているのではないかと思います。

私は、子どもたちは体のどこかに目覚まし時計を持っているのだと思うことがあります。それは、どんなに無気力に見える子でも必ず持っていて、いつの間にか時間が設定され、そのときが来ればベルが鳴り、自ら学びたいと動き出すのではないかと。

私たちにできることは、必ずそのときはやってくると信じ、その子なりのベルの鳴らし方を共に探し続けることだと思います。

信頼について

兵庫教育大学に内地留学をさせてもらっていたとき、私はS教授（当時）のゼミに入っていました。兵教大の教職大学院では、一年目にテーマを決め、二年目に調査や執筆作業を行うのが通例でした。

とはいえ、すぐに研究テーマが決められるわけではありません。S先生は「まずは、テーマにつながる内容で、今、関心があることをまとめてきてください」とゼミ生にレポートを課しました。一緒に考えましょうというスタンスは、いかにも優しく温厚なS先生らしいと感じました。

ところが、その温厚な先生を私は激怒させてしまったのです。先生は私が提出したレポートを「あなたのやろうとしていることは教育ではない！」と一刀両断にされたのです。

かなりのショックでした。研究テーマの根本的な見直しを求められるかもしれない、そうなれば、私がここに来た意味がなくなってしまう。まさに、途方に暮れました。

私の書いたレポートは、当時注目を集めていた教育社会学系の著作をベースに書いたもので、学校の現状を有体《ありてい》に示そうとした内容となっていました。純粋に教育愛を追究してきた先生は、一つ間違えば子どもを悪者にしかねないとして私のレポートを完全否定したのです。

それから、しばらくして先生の研究室に入ったときのことです。先生はたまたま不在でした。ふと見ると先生の机には真新しい本が積み重ねてあります。おそらく研究費で購入された本でしょう。先生はいったいどんな本を読んでいるのだろうと気になって、不在なのを良いことにそのタイトルを覗いてみました。

すると、そこに積み上げられていたのは、何と、私が完全否定されたレポートに挙げていた参考文献（主に教育社会学）の山だったのです。

びっくりしました。あれほど否定したのになぜ？　と驚きました。でも私は、普段の先生を思い浮かべて、すぐに理解しました。「先生は、私のことをわかろうとしてくれている」

今後、私の研究テーマについて否定するにしても、認めるにしても、とにかく私がなぜこれらの本に魅かれたのかを、実際に読んでみて確かめようとしてくださったのです。

そして、ゼミが進むにつれて私の本意を理解し、全面的にバックアップしてくださいました。S先生にとっては、私の研究力など取るに足らないものだったと思いますが、それでも同じ目線に立って、私という人間を信頼し、理解しようとしてくださったのです。

修士論文を書き上げたとき、この話を先生に打ち明けました。先生は「いやあ、最初、とんでもない人がゼミに来たと思いましたよ」と笑っているだけでした。その後、先生は自らの論文に私の研究結果の一部を引用してくださいました。これは、引用するに値するという評価をもらったということです。

S先生の関わり方は、私たちが日々行っている子どもへの接し方にも大いに通じるものがあります。

「子どもは、教育者が彼について描く像に従って、また教育者が彼の中におく信頼に応じて、みずからを形づくるのである」（ボルノウ、1993年、115頁）

子どもをどこまで「信頼」するかは、非常に難しい問題です。子どもは時に嘘もつけば、ごまかしもします。でも、人として「信頼」することはできると思います。子どもは「……為しうるぎりぎりの限界まで試めそうとする自然な願望をもっている」（前掲、ボルノウ、111頁）存在だとボルノウは言います。これを信じることができるかどうか、それが「信頼」の条件なのだと思います。

説明責任とは理想を語ること

平成19年6月に学校教育法改正により導入された学校評価は、その目的の一つに、「各学校が保護者や地域住民等に対し、適切に説明責任を果たし、その理解と協力を得る」（平成22年10月25日　中央教育審議会答申初等中等教育分科会資料）ことが挙げられています。

説明責任というと、事後の対応を思い浮かべます。例えば、いじめの重大事案が発生したとき、それに対して、いつどのように対応したか、子どもへのアンケートはどのくらいの頻度で実施していたのか、それをどのように活用してきたかなどの説明は、すべて事後に求められます。

学校は、重大な事案が発生すると大きなダメージを受けますから、説明をしっかりするためには普段の取り組みや平素の記録を詳細に残しておくなど、事《こと》が起こる前の準備は欠かせません。

しかし、どんなに正確に記録を残し、どんなに誠実に対応しても、いじめの被害者側に納得してもらうのは難しいものです。それは、事後の説明はどんなに精緻なものであっても、言い訳に聞こえてしまうことがあるからです。

学校評価が導入された頃、私は県立教育研修所で担当として県内各地に出前講座に出向いていました。その頃はまだ、この制度そのものへの不信感も根強く残っていました。うまく講座を進められるか不安だった私は、兵庫教育大学の某教授に相談に行きました。そのとき次のような助言をいただき、とても心が軽くなりました。

「学校は評価というと、ついマイナスをゼロにしようとを考えるけれど、その学校が持っている強味《つよみ》（プラス面）をグレードアップすると考えた方が前向きになれると思いますよ。不思議なことにプラス面が伸びてくれれば、自然にマイナス面が減っていくものです。その方が夢があっていいじゃないですか」

なるほど、自分の学校の良いところを出し合う研修であれば、そんなに重苦しい雰囲気にならないで済みます。

そのことがあってから私は、学校の行う説明責任にとって最も大切なことは、夢や理想を語ることだと思うようになりました。それは事《こと》が起きる前だからこそ意味があります。子どもたちと初めて出会う4月や、保護者の前で最初に話をするときに、この学校（学級）をこういう素晴らしいものにしたいという思いを事前に語っておくことが説明責任の原点だと思うようになったのです。

そう考えたとき、どの学校にもある「いじめ対応マニュアル」（以下マニュアル）は実に有効です。これはどの学校でも必ず作成しているものですし、ホームページで閲覧可能としているところも多いでしょう。でも、その具体的な内容を積極的に周知するために、学校だよりに解説をつけて発行したり、保護者会などで配布することは意外と少ないのではないでしょうか。

自治体や学校によって内容は違うでしょうが、マニュアルには深刻ないじめが起こったときの対応はもちろん、学校としての理想や目標、そしてそれを実現するための具体的な方策が示されていることが多く、中には早期発見のためのチェックリストまでつけられているところもあります。

自分の子どもがいじめられていると思ったとき、保護者が事前にマニュアルの存在と内容を知っていれば、解決に向けて今どの段階まで進んでいるか、具体的に学校に事情を確認することができます。また、機会あるごとにマニュアルを示すということは、少なくともマニュアルに書いてあることは責任を持って実施しますという学校側の宣言にもなります。

それによって、保護者に学校の真摯な姿勢が伝わります。それが互いの信頼関係の基盤となり、実際にいじめが発生したとしても関係者が冷静に話し合えると思います。自分が管理職だったときに、もっと積極的に活用すればよかったと、今さらながら悔やみます。

また、こうしたマニュアルの基になった「いじめ防止対策推進法」(平成25年制定)

の第九条には（保護者の責務等）として以下のような記述があります。

「保護者は、子の教育について第一義的責任を有するものであって、その保護する児童等がいじめを行うことのないよう、当該児童等に対し、規範意識を養うための指導その他の必要な指導を行うよう努めるものとする」

こういうことも保護者には十分に理解してほしいところです。これなどは事前に提示するからこそ意味があります。事《こと》が起こった後では、学校側の責任回避として受け取られかねません。

私たちは説明責任というと、どうしても重苦しく考えてしまいます。でも、学級で子どもたちの良さを見つけ、それを毎日教室で子どもにフィードバックすることも、立派な説明責任なのです。なぜならフィードバックの内容には、必ず学級担任としてどんなクラスにしたいか、みんなにどんな人になってほしいかという思いが込められているからです。それは、学級を創り上げる原点であり、それを子どもたちが普段から理解していれば、万一いじめが起こっても、そこに戻ることで子どもたちは自らの行動を冷静に見つめやすくなると思うのです。

もちろん、マニュアルの積極的な周知だけで、いじめがなくなるとは思いません。でも、事後に行った指導がどんな意味があったのかを理解してもらうためには事前の説明責任は欠かせないと思います。

桜が春に咲くということ

春になると桜が咲きます。誰もがそれを当たり前のことだと思っています。桜に迷いはありません（桜に聞いたわけではありませんが）。だから毎年同じ時期に同じ花を咲かせます。

それは、あたかもそうすることが自分にとって最も美しい姿であることを知っているかのようです。

それに比べると人間は何をするにも迷ったり、悩んだりするものです。今日の夕食は何にしようかといった日常的なことから、どんな生き方をすれば良いのかという哲学的なものまで、ありとあらゆる場面で迷い、悩みながら生きています。だから、桜のように最適解を持っている存在にあこがれるのです。

「薔薇《ばら》ノ木ニ　薔薇ノ花サク。ナニゴトノ不思議ナケレド。」（北原白秋『白金之独楽』）

白秋も大いに迷い、悩んだ一人なのでしょう。自分にとって何が最も大切なのかがわかっていれば、こんなに悩むことはないのに、という切実な思いが桜（自然）への憧憬へとつながります。自分にとっての当たり前が何であるかがわかればどんなに楽だろうと思います。

けれども、私たちは桜や薔薇のように生きることはできません。すべての人に当てはまる最適解などありません。答えは、選ぶというより自分でつくりだすものだと言った方が正確かもしれません。

人間にとって当たり前に生きることは非常に困難な作業です。だから人間は、今の自分は本来あるべき姿でないと悩んだり、誰もが当たり前にできることができないときに自己嫌悪に陥ったりするのです。

私たちは、児童生徒によく当たり前であることの大切さを訴えますが、そんなとき「そうなれない自分」を責めてしまう子がいるかもしれないことを常に頭に置いておく必要があると思います。イギリスの哲学者、バートランド・ラッセル（1872〜1970）が『幸福論』の中で述べているように、

「なんぴとも完全であることを期待すべきではないし、また、完全でないからといって不当に悩むべきではない」

（小川仁志、2021年、52頁）

という前提で話をする責任があるのです。

ただ、見方を変えれば、人間が迷ったり、悩んだりするのは、私たちがそれだけ自由な存在であるということでもあります。決められた最適解を持たないからこそ、自由

に生きることが可能になるのです。自由があるからこそ私たちは迷い、悩むのです。桜(自然)は悩むことはありません。でも、どんな花を咲かせるかという選択肢もないのです。

私たちは、悩んだり落ち込んだりしている子に当たり前のように「そんなことで悩む必要はないよ」と声をかけることがあります。でも、声をかけられた子は、「やっぱり自分は、〝そんなこと〟で悩むような弱い人間なのだ」と感じているかもしれません。

そういう子に「悩んでいるのは、あなたが自由である証拠なのですよ」というメッセージをいかに伝えるか、それが最も大切なことだと思います。

きしむ車輪は油をさしてもらえる

アメリカのことわざに、「きしむ車輪は油をさしてもらえる」(The squeaky wheel gets the grease.)というのがあるそうです。意味は、困ったことを自ら発信すれば(言葉にすれば）話を聞いてもらえて、助けてもらうことができるという意味です。いかにも自己主張が重視されるアメリカらしいことわざです。

さて、最近自分の「車輪」がきしんでいてもなかなか言葉にできない子どもが増えているように感じます。特に小学校高学年や中学生くらいになると、いじめられていても、声に出せばさらに事態が悪くなることを恐れて、口を閉ざしてしまうことも少なくありません。それが積もり積もると、学校に来づらくなってしまうこともあるでしょう。深刻なケースでは、自分の部屋にかけてある制服を見るだけで体が硬直してしまう子もいるそうです。

なぜ、そこまで本音が言えない子がいるのか。そこには複雑な要因が絡み合っていて、簡単に説明できるものではありませんが、おそらくそうした子たちは、自分の「きしみ」を周囲の大人は十分に受け止めてくれないと感じているのではないかと思います。自分の苦しみを吐き出すためには、「苦しみを受け止めてくれる」という、相手に対する信頼が必要です。

学校という場に限定すれば、最も身近な大人は教員です。信頼というと大げさに聞こえるかもしれませんが、要は「話しやすい」雰囲気を醸《かも》し出せているかどうかということです。

人と人が全面的に信頼し合える関係になるには、かなりの時間がかかります。でも、信頼のもとになる「話しやすさ」なら、明日からでも表に出すことはできます。教員である自分に「子どもを丁寧に扱っているか」と問いかけるだけで随分違います。

名前を呼び捨てにしていないか、緊急事態以外に大声を出してはいないか、軽はずみに体を近づけたり触ったりしていないか（パーソナルスペースを守っているか）、プリントを渡すときに投げつけるようにしていないか、また、受け取るときに生徒の顔を見ているか、他のことをしながら子どもの話を聞いていないかなど、ちょっとした自分の所作を振り返ればよいのです（お前はできていたのか？ と言われたらつらいものがありますが）。

その積み重ねは「信頼貯金」（居場所カフェ立ち上げプロジェクト、２０１９年、明石書店、13頁脚注）として子どもの心に貯まっていきます。

分刻みでやることが山積みなのに、そんなことできないと思うかもしれません。でも、私たちが意識していることは必ず子どもには伝わるものです。教員も人間ですから、いつも完璧であることなどできませんし、その必要もありません。でも、何とか自分を変えようとする姿勢が伝われば、必ず子どもは私たちに自ら大切なことを話し始めると思います。

子どもには「きしむ車輪」でいてほしいと思います。そのために私たちにできることは、自分の最も尊敬する人に接するときと同じように、子どもに接することだと思います。そうすれば所作は自然に丁寧になり、子どもの反応が変わり、それを見てさらに子どもを大切に思う気持ちが私たちの中に育っていくと思うのです。

「児童生徒理解」は可能か

「児童生徒を理解することは不可能である」と言えば、驚かれるでしょうか。「おいおい生徒理解が不可能なら生徒（生活）指導なんてできるはずがないじゃないか」と思われるでしょう。でも、本当なのです。ただし、ここでいう理解とは「完全な理解」です。児童生徒理解に限らず、人が人を完全に理解するのは理論上不可能です。その理由は簡単です。人は変化を続けるものだからです。絶えず変わっていき、しかもどう変わるか予想できないものを完全に理解するのはどう考えても不可能です。

例えば、鉛筆やマイクといった「モノ」ならまだ可能性はあります。それらは、劣化などを除けば大きく変化することはありません。成分を分析したり機能を調べたりすることで、かなり正確に理解できます。しかし、人間はそうはいきません。自ら変化し続ける人間は、理解したと思った瞬間に、もう次の変化が始まっているかもしれないのです。

それでも、以前から学校教育では「生徒指導は生徒理解に始まり生徒理解に終わる」として重視されてきました。例えば１９８１年（昭和56年）に当時の文部省が示した『生徒指導の手引』には、生徒理解の対象を「能力」「性格」「興味」「要求」「悩み」「交友関係」「環境条件」など、かなり広い範囲に求めています。また、２０２２年（令和4年）文部科学省の『生徒指導提要』にも次のような記述があります。

「児童生徒理解においては、児童生徒を心理面のみならず、学習面、社会面、健康面、進路面、家庭面から総合的に理解していくことが重要です」（24頁）

ただ、ここには「児童生徒理解とは何か」についての明確な定義は見つかりません。「多面的」「総合的」に「広い視野」から児童生徒を理解することの重要性はわかりますが、最終的なゴール（定義）がなければ、私たちはどこを目指せばよいのだろうと迷ってしまいます。

では、私たちは児童生徒理解をどのように考えればよいのでしょうか。

まず、「すべてを理解することはできない」ことを認めることです。「この子のことはよくわかった」と考えた時点で、それ以降の子どもの変化が見えなくなってしまいます。

次に大切なのは、児童生徒理解を「教員→児童生徒」の一方向ではなく「相互作用」

であると考えることです。現象学的社会学の祖であるアルフレッド・シュッツ(1899-1959)は、「純粋の他者理解」を、観察者(教師)の注意を相手(児童・生徒)の「背後にあるもの」に向けること(シュッツ1995年、159頁)と考えました。

例えば、教員がAさんに言葉をかけます。すると、その言葉はAさんの物の見方や考え方にほんの少し影響を与えます。このときAさんは教員の言葉かけによって微妙に変化するのです。その変化したAさんが、今度は教員に何かしらの反応を返します。それを受けて教員の方もAさんに対するイメージが微妙に変化します。これが「相互作用」であり、その繰り返しによってAさんが今現在どんなことに強い興味があって、そこにどんな意味づけをしているかが少しずつわかってきます。この意味づけがシュッツの言う「背後にあるもの」です。

そういう「相互作用」を続けることでAさんは「先生は自分のことをわかろうとしてくれている」と認識するようになります。そうなれば、その後その子がいくら変化(成長)を続けても、自分の行動の意味づけを教員に安心して話してくれるようになります。

そもそも人が人を「完全に」理解するということ自体が不可能なのですから、私たちは「あなたを理解しようとしていますよ」というメッセージを子どもたちが受け取る瞬間を目指せばよいわけです。

その瞬間が確かにあったという事実だけは、その後子どもがどう変化しようと絶対に失われることはないのです。

拠り所探し

兵庫教育大学の内地留学では実にいろんなことを経験させてもらいました。

最も「きつかった」のは、修士論文を仕上げるために何百ページもある専門書（日本語翻訳版）を何冊も読まなければならないことでした。とにかく難しくて、1ページ読むのに1週間くらいかかることもありました。

しかし、ゼミの先生に指導助言を受けながら読んだ専門書の内容は、学校現場復帰後、さまざまな場面で判断の拠り所となりました。不思議なことに、その拠り所の効果は年数を重ねても目減りすることなく、むしろ高まっていったのです。

近年の大学（学部）には、早くから学校現場ですぐに役立つような授業を増やす傾向があるそうです。学校現場の体験をする「インターンシップ」的な実習（教育実習とは別枠）を単位認定し、積極的に推奨する大学もあります。確かに、即戦力であることは学校現場にとってはありがたいことですが、何か違うような気がします。

教育社会学者で日本大学文理学部・大学院文学研究科教授の広田照幸氏は、自身の「教育の社会学」という授業の初回に次のように学生に話すそうです。

「私のこの授業は、採用試験にも対応していないし、教員になってすぐ日々の仕事に役立つものでもありません。でも、教員になってしばらくやっていくと、それまでのやり方でうまくいかなくなって行き詰まったり、どう考えればいいか分からないような事態に直面したりすることが、きっとあると思います。（中略）そのときには、私がこれから話をする講義の中の理論や概念や現状分析を思い出してみて下さい。考えをめぐらせるための材料が見つかるかもしれません」
（広田照幸、２０１９年、１８８頁）

大学の教育がどうあるべきかなどと偉そうに言うつもりは毛頭ありませんが、大学には大学にしかできないことがあるはずです。即戦力となることを期待するあまり、学生が汎用性の高い、困ったときの拠り所を得る機会が奪われているとしたら、それは悲しいことです。

学校現場は多忙です。一旦赴任すれば専門書を読むような時間はありません。また、読もうとしてもそうした本は相応の専門知識がないと理解できません。専門家のいる大学だからこそ読めるのです。

教員にとって熱意や使命感は欠かせないものです。しかし、それらを十分に生かせる拠り所を持たなければ、これだけ多様化が進んだ社会に対応することは困難です。専門書でなくても教育に関する本は巷にあふれています。専門書をわかりやすく解説している本もあります（漫画すらあります）。それらを入り口にすれば、短い時間で教員としての拠り所を見つけることは可能だと思います。

「すぐに現場で使えるものは、すぐに役に立たなくなる」（前掲、181頁）

広田氏の指摘は的を射ています。

寄り添うの「肝」

一人ひとりの子どもに寄り添える教員になりたい、誰もがそう思っているでしょう。でも、さまざまな理由で、なかなか思うようにはいかないものです。実際に子どもに寄り添うためにはどんなことが大切になるのでしょうか。

まず一つめは、メタな視点を持つことです。「メタ認知」については、すでに書いた通り、物事を俯瞰するために重要であるだけでなく、私たちの冷静な判断を促してくれます。目の前の子どもの行動を表面的に見ていると「何度同じことを言わせるんだ」という気持ちにさせられます。しかし、(気持ちの上で)少し距離を置いて、この子の行動の背景には何があるんだろうと考える（これが俯瞰するということです）ことで、冷静にその子を見ることができます。それは、その子をありのままにとらえる視点でもあります。俯瞰しなければ一部分しか見えません。その視点は、相手の話を聞く心の余裕にもつながります。

そして、俯瞰的な姿勢は、その子が何を望んでいるのかに気づかせてくれますし、子どもの変化にいち早く気づくこともできるようになります。そうなれば対応の仕方も自ずと見えてきます。

他に大切なこととして、「さりげなさ」があります。寄り添うというと、いつもそばにいてじっくり話を聞くというイメージがあるかと思いますが、物理的な距離は必ずしも必須の条件ではないと思います。遠くから送られる教員からのアイコンタクトだけでも、救われる子はたくさんいます。私は、教諭時代、担任した生徒が卒業するときに言ってくれた言葉が忘れられません。その子は、まじめで極端に無口な子でしたが、家庭のことで深く悩んでいました。

「先生が、廊下なんかですれ違うときに、いつもほんのちょっと私の方を見て目で合図のようなものをくれたのが、とてもうれしかった」

寄り添うというのは、とても大切なことですが、あまり大げさに考え過ぎると子どもにとっても負担になることもあります。また、教員の方も寄り添えていないという自己嫌悪に陥ることもあります。

最も大切なことは、たとえ相手が子どもであっても、対等な一人の人間として尊重しているかどうか、それが寄り添うための「肝」だと思います。人間というのは不思議なもので、こちらが相手をどう思っているかは、自然に伝わります。それは、数値で客観的に示せるようなものではありませんが、誰しも経験することでしょう。

自分が「児童・生徒」として見られているか、「人」として見られているか、子どもは敏感に感じ取っています。そのセンサーは、教員から見て問題の多いとされる子ほど精度が高くなります。

「一人ひとりがちゃんと自立して、両足が大地に着いた状態で両隣の子どもたち、仲間と手を取り合う。つぶぁん状態。（中略）僕はつぶあんが好きなのよ。口に入れたとき、つぶつぶが口にあたるの。あれが個性を主張しているようで、愛おしくなる。こしあんもおいしいんですが、つぶれちゃってるでしょう」
（尾木直樹、2013年、「個に寄り添う教育」法政大学教職課程センター多摩シンポジウム記録より）

人として対等に子どもを見るということは、その子の個性を尊重するということでもあります。そして寄り添うとは、「あなたのことを大切に考えていますよ」というメッセージを届けることです。ちゃんと届いているかどうかは、子どもにしかわかりません。でも、届けようとする姿勢は必ず伝わると私は信じています。

第二部　子どもに「寄り添う」ために

そもそも寄り添うとは？

第一部で「寄り添う」をキーワードにコラムを紹介してきました。どのような感想をお持ちになったでしょうか。

この言葉は「近くにいる」という意味だけではなく、何かもっと優しく温かいものを含んでいます。最近世の中でよく使われるようになったのは、そうありたいとか、そうしてほしいと願う人が多くなったからでしょう。教員も「子どもに寄り添える存在でありたい」と願っています。

ただ、「寄り添う」の意味は、何となくわかってはいても、それを説明しようとすると途端に難しくなってしまいます。

これに重要な示唆を与えてくれるのが、アメリカの哲学者ミルトン・メイヤロフ

（1925‐1979）の「ケア」（On caring）の概念です。メイヤロフは「ケア」を次のように定義します。

「一人の人格をケアするとは、最も深い意味で、その人が成長すること、自己実現することをたすけることである」（メイヤロフ、1987年、13頁）

まだ抽象的な部分は残りますが、それでも「寄り添う」のイメージはかなりはっきりするのではないでしょうか。また、哲学者であるメイヤロフによってこの概念が示された『ケアの本質』の副題は「生きることの意味」となっています。つまり、この概念はあらゆる分野に通じるものとして考えられたものです。もちろん、教育も例外ではありません。

ここには、二つの大切な要素が含まれています。一つは、ケアというのは「他者の成長と自己実現をたすける」ことであること。もう一つはそれが「人格をケアする」ために行われるものであるという点です。

前者は、私たち教員が日々の教育活動の中で実践していることであり、教育の目的とほぼ同義と考えてよいと思います。後者は「人格」をどう解釈するかという問題はありますが、ここでは、「いろいろな個人的特徴の総体」と定義するにとどめておきたいと思います。

「寄り添う」という言葉は、この「ケア」と非常に近いものです。重要なのは「ケア」が気質や性格、能力、成育歴、身体的特徴など、その人の「まるごとすべて」としての「人格」の育成をたすける概念であるということです。

また、メイヤロフの「ケア」は原文では「On caring」であり、直訳すれば「今、まさにケアしているということ」となります。児童生徒理解が「相互作用」によって成立し、完全に理解できるゴールはない（コラム「児童生徒理解は可能か」参照）と考えるとき、私たちの寄り添うという行為もまた「今、ここ」で行われる継続的なものであるとメイヤロフは示してくれています。

寄り添いにくさの要因

「寄り添う」という言葉が多用されるのは、それが今十分に為されていないからだとも言えます。十分に実現できていることであれば、人々はさほどそれを強調する必要はないでしょう。ここでは寄り添うことを難しくするさまざまな要因にはどんなものがあるのかについて考えてみたいと思います。

その要因には以下の四つの問題が含まれます。すなわち、学校相対化の問題、教員の長時間勤務や教員不足の問題、子どもの生きづらさの問題、最後に生成系ＡＩなどの影響の問題です。

学校の相対化

まず第一に学校の相対化の問題について教育社会学者の森田洋司氏は、すでに1990年代前半には自著『「不登校」現象の社会学』で、次のように指摘しています。

「「現代型」不登校の部分では、これまでほどに学校へ時間どおり登校することや授業に出席することが絶対的なものではなくなりつつあることはたしかである」

（森田、1993年、258頁）

「授業に出席することが絶対的なものではなくなりつつある」とは、学校に行くことが選択肢の一つになろうとしていること、つまり、学校が相対化されつつあるということです。不登校は学校相対化の最も顕著な現象の一つであると言えるでしょう。

文部科学省初等中等教育局児童生徒課が示した「令和3年度 児童生徒の問題行動・不登校等生徒指導上の諸課題に関する調査結果の概要」（令和4年10月4日）によれば、

小中学校の不登校児童生徒数は29万9048人で過去最多となっています。コロナ禍の影響を割り引いて考えたとしても、これはかなりの数です。不登校の原因は多岐にわたり限定することはできませんが、どんな理由であるにせよ、学校に行きづらい気持ちが登校したい（しなければならない）という気持ちを上回った結果であることは確かでしょう。

教員がどんなに子どもに寄り添いたいと願っても、不登校やひきこもりとなれば思うようにできません。不登校になったきっかけや原因が明確でなく、本人ですらよくわからないというケースならなおさらです。そこで、スクール・カウンセラーなどの専門家に頼ることになりますが、それらの専門家の加配は十分とは言えず、カウンセリングの予定はいつもぎっしりと詰まっています。すぐに対応できるとは限りません。

教員の長時間労働と働き方改革

二つめの問題は、教員採用試験の倍率の低下です。「令和4年度（令和3年度実施）

公立学校教員採用選考試験の実施状況について」（文部科学省）によれば、全体の採用倍率は3・7倍で、平成3年度と並んで過去最低となっています。中でも小学校は2・5倍と4年連続で過去最低となり、全国で18の自治体で2倍を下回りました。新成人の人口に対する割合で考えれば、必ずしも受験者数が実質的に減少したとは言えないものの、倍率が下がれば臨時講師の登録者が減り、教員の育休・産休の代替教員や各種加配教員の確保が難しくなります。そのため全国的に教員不足が生じ、教員の長時間労働の問題をさらに深刻なものとしました。2023年4月28日に発表された文部科学省「教員勤務実態調査」（令和4年度）の集計結果（速報値）をもとに、同日、読売新聞オンラインは「国の指針で定める「月45時間」の上限を超える時間外勤務（残業）をしていた小学校教諭は64・5％、中学校教諭は77・1％に上った。国が示す「過労死ライン」（残業月80時間）にも、それぞれ14・2％、36・6％が該当した」と報じています。

私の住む兵庫県でも、令和5年5月1日の時点で教員が164人不足しました（2023年6月12日、神戸新聞NEXT）。全国で採用試験の倍率が2倍を下回る自治体も多い中で、兵庫県は4・6倍（神戸市を除く）を何とか確保しています（2023年度）。その兵庫県ですら深刻な教員不足に悩まされているのです。

そのため、小学校では学級担任が配置できず、複数の教員が授業の空き時間を使ってローテーションを組んで補填《ほてん》しています。それでも足りなくて、学校内で最も多忙な教頭まで動員することもめずらしくありません。

中学校でも専門教科の教員が不足し、やむなく「免許外申請」などにより専門外の教員が補うこともあります。しかし、免許外の授業をする教員も本来の専門の授業を軽減されるとは限りません。文部科学省が、教員の持ち時間数を減らす方針を打ち出したくらいでは、過酷な労働環境は改善されません。

しかも、念願かなって教員になった新採用者が次々に離職しています。例えば、東京都では、2022年度に108人（採用者数の4・4％）の教員が一年以内に離職しています。（2023年6月6日、喜名朝博「新採教員「3カ月目の危機」援助要請行動が大切」、教育新聞デジタル）

人員不足のために教員がいつも忙しい状態となり、子どもたちは悩みごとがあっても話しかけにくい状態です。子どもの願いは教員に届きにくくなっています。

ただ、こうした状況にあっても、教職の魅力が減ったわけではありません。

例えば、最近大学の教員養成の現場では、学生から「このまま働き方改革、進むんですか？」という質問が増えているそうです。「働き方改革が進むのであれば教員になりたいと思っているから」質問するのです（2023年5月10日、「教員不足、昨年4月より深刻化か　妹尾氏や末富教授が調査結果公表」教育新聞デジタル）。

また、2022年、ジブラルタ生命保険が発表した20歳〜69歳の教員（小学校・中学校・高等学校・特別支援学校2000名）を対象にしたインターネット調査「教員の意識に関する調査2022」の調査結果「教職について」によれば、「教師としてどのようなときにやりがいを感じるか」という質問に、「児童・生徒の成長が感じられたとき」（79・4％）とする回答が突出して多く、「児童・生徒の笑顔をみたとき」（52・8％）、「児童・生徒と感動を分かち合えたとき」（45・8％）と続いています。

多くの教員は、子どもたちに寄り添うことにやりがいを感じているのです。

採用試験の時期を早めたり、大学在学中に1次試験の受験を認めるとかいった一時的な対策だけではなく、学校現場で苦しんでいる教員を救うための抜本的な施策が望まれるところです。

子どもの「生きづらさ」の問題

「寄り添う」ことを困難にしている三つめの問題が、今の若者の多くが「生きづらさ」を感じていることです。その一例を精神科医の香山リカ氏の言葉を借りて紹介します。

「ある若い患者さんが診察室で言ったのは、朝起きて「ああ、生きてる。今日も呼吸をしなきゃいけないと思うと、それだけでしんどい」とか、「今日も心臓を一日中動かさなきゃいけないと思うと、それを考えるだけでうんざりする」ということでした」

（香山リカ・上野千鶴子・嶋根克己、２０１０年、21頁）

心臓というのは勝手に動いているわけですから、それがしんどいというのは実際にはあり得ないはずですが、この若者にとっては生きることがそれほどに苦しいと感じることなのです。香山氏によれば、こうした若者が増えているそうです。

多くの子どもたち、特に思春期を迎えた子どもたちが「生きづらい」と感じてしまうようになった背景にはいくつかの社会的な要因が考えられます。

まず、子どもが所属によって自分の存在意義を自覚できにくくなっているということです。専修大学文学部教授（当時）で哲学・倫理学を専門とする大庭健氏は、近代以前の共同体（村社会）では、どこの地区の誰の子かということが個人に存在の承認を与えることができていたとした上で、次のように指摘します。

「それが共同体が崩壊し、村社会的なつながりがどんどん薄くなると、存在の承認は、何ができましたかという達成になったのですね。大昔の社会システムの用語で言えば、エージェント、行為主体としての存在の基盤が、存在、具体的には集団への帰属から達成へとシフトした」

（前掲、香山他、99頁）

これは、子どもたちが地域社会の共同体に所属することができなくなって、自分の存在価値を自分で示さなければいけなくなったということです。

現在、部活動の外部委託が進められています。部活動指導が、ほぼ勤務時間外や休日に行われており、それが学校の働き方改革に負の影響を与えていることは否めません。また、勝利至上主義によって体罰の温床になってしまったり、生徒が調査書への悪影響を考えてやめられないといった弊害があるのも見逃せません。

でも、これまで部活動に所属することで多くの生徒がそれを成長の場としていたことも事実です。私たちは、部活動が外部に移行された後、学校のどのような場でその成長を保障できるかを考えておくことが必要でしょう

同様に、コロナが5類扱いとなって体育祭（運動会）や文化祭、合唱コンクールなどの学校行事を再開する際、縮小したまま開催するのか、コロナ前の規模に戻すのかは重要な問題です。準備や練習にかける労力や時間を考えれば、縮小したまま再開す

るのが働き方改革としては有効でしょう。けれども内容については、子どもたちが「みんなと一緒って楽しい」と思えるプログラムを中心に置くことが必要だと思います。中学生ならプログラムの内容を生徒に考えさせるのも一つの方法でしょう。そういうことが子どもたちに所属意識を与え、「生きづらさ」から解放する一つのきっかけになると思います。もちろん、特別活動や、総合的な学習の時間も非常に重要です。

近年、若者の自己肯定感が低下していると言われるのも、「何ができましたかという達成」によって自分らしさや個性を自分で証明しなければいけないと思い込んでいるからだと思います。特別な能力や才能がないと「自分には価値がない」と落ち込んでしまうのです。特に、不登校となった子は「みんなが普通に行ける学校に行けないのは、自分が弱いからだ」と自分を責めてしまいがちです。

少し前に親ガチャという言葉が流行りましたが、親のせいにしている方が自分を責めない分だけ、まだましなのかもしれません。

本来、自分らしさというのは他者という鏡に自分を映し出すことで見出されるものです（コラム「自分らしさを知る方法」参照）。多くの他者に出会うほど、自分を映す鏡も増え、その分、自分がどういう存在なのかを深く知ることができます。自分だけで自分らしさを見出すことは、そもそも無理なのです。そのことを何とかして子どもたちに伝えないといけないと思います。

学校は、子どもたちに集団でいることの喜びや、所属することの確かさを与える場として、これからますます貴重な存在になるでしょう。教員は子どもたちに寄り添い、学校を誇れる存在とする工夫をすることによって、子どもたちの「生きづらさ」を少しでも軽くすることができるのです。

また、世の中が「高原化」していることも、子どもの「生きづらさ」を生み出しています。

「……平坦な地形が続く高原地帯では、晴れていれば視界が開けて遠くまで景色を見渡すことができますが、どちらへ歩んでいけばよいのか定かではありません。いま自分自身で決めなければならないのです。さらに周囲にもやがかかって見通しが悪いと、地形に起伏がないために方角さえ見失ってしまいます。いずれの場合も、歩んでいくべき方向は自分の意思で判断しなければなりません」

（土井、２０１９年、50頁）

高度経済成長期が、みんなで頂上を目指して山を登っていた時代だとすると、経済成長が期待できない現代は頂上のない高原のようなものです。こうした「高原化」社会には目指すべき頂上はなく、今の努力が将来の幸せにつながるということも実感しにくくなりました。誰もが共有できる目標を持ちにくくなり、自分の歩んでいく方向は自分で決めなければなりません。これは子どもたちや若者にとってかなりのプレッシャーでしょう。

今、私たちの目の前にいる子どもたちは、そういう苦しみを抱えているのです。それを理解することが、寄り添うために非常に重要だと思います。

民間の参入と生成系AIの影響

四つめの問題は、これから起こり得ることへの対応の問題です。まず、16歳で米ニューハンプシャー州の全寮制高校に留学し、そこで受けた教育に衝撃を受け、日本の教育改革を志したという教育研究者の鈴木大裕氏の指摘を紹介します。

「例えば、小学校の外国語教育について、現場からは悲鳴が上がっています。すると予算がついて、民間委託が検討されます。しかし、最初は外国語教育やプログラミング教育から始まったことが、教員不足という追い風もあって、他の教科もどんどん民間委託になってしまうのではないかと心配しています。すでに部活動は外部委託されつつあります。そうなると、今後は、運動会は地元のスポーツクラブに丸投げ、修学旅行も旅行会社に、合唱コンクールも……となりかねないわけです」（鈴木、2020年、傍線は引用者による）

鈴木氏がなぜこれほどまでに民間委託に不安を感じているのか。それは、アメリカがかつて教育の分野に市場原理を導入し、公立学校が次々と公設民営学校（チャータースクール）とされ、学校が淘汰された結果、教員の大量解雇や新たな貧困層を生み出してしまった悲劇を目の当たりにしたからです。

今の日本も教員不足という、いわば学校にとってショック状態にあることを「追い風」とする何者かによって教育の基盤が揺さぶられることになるかもしれないという不安から生まれた言葉なのです。

今、生成系ＡＩが私たちの想像を遥かに超えた進化を続けています。大手の学習塾や家庭教師派遣会社などには早くから導入されており、子ども一人ひとりの理解度に合わせた各教科の課題をＡＩが瞬時に提示するだけでなく、子どもの好奇心や探究心を伸ばすツールとしても活用され始めています。

私は、インターネットで配信されている教育関連企業主催のセミナーをオンラインでいくつか受講してみましたが、教科の学習（実技系教科を含む）だけでなく野外活動などの体験活動や総合的な学習の時間にも生成系ＡＩは十分活用可能だということです。

そうした企業は、学習塾だけでなく学校にも積極的に参入しています。すでに全国の１７０以上の市区町村や20程度の都道府県と契約を結び、小中高を問わず公立学校への導入を進めている会社もあるようです。この本が世に出る頃には、ほとんどの都道府県で生成系ＡＩが授業で使われているかもしれません。

私は、授業の内容が十分に理解できない子に適切な課題を個別に与えるには、ＡＩの導入は効果的だと思っています。それは、学力格差を縮小する大きな力になるだろうと思います。

しかし、私が気になるのは、どのセミナーでも効率的に学力が伸ばせるといったプラスの効果ばかりが主張され、マイナス（負の効果）の議論はほとんどされることがなかったことです。議論の基調には科学技術の向上を抑制すべきではないという、技術者や企業の論理で話が進むのです。これはエリートの論理と言ってもよいでしょう。

確かに、スマートフォンが開発されたときも負の効果を懸念する声はあったものの、今ではなくてはならないほど普及しています。そのことを考えれば、ＡＩの導入についても神経質になる必要はないのかもしれません。しかし、学校の中ではＳＮＳによるいじめが急増し、その対応に教員がどれほどの時間を割かれることになったのかを思えば、負の効果を最小限にとどめる方策をＡＩの製作者は社会的責任として準備すべきでしょう。

それでも、近い将来、公立学校への生成系ＡＩの導入を避けるのは難しいでしょう。文部科学省も学校現場での生成系ＡＩの活用に関する暫定的なガイドラインを取りまとめ、都道府県・政令市教委などに通知しました（２０２３年7月4日）。そこにも示されている通り、生成系ＡＩは教員の事務量の軽減に大きな効果を発揮すると思います。また、子どもに基礎学力を定着させる「学習支援」にも威力を発揮するでしょう。

これまで私たちは「教師は授業で勝負せよ」と教えられてきました。けれどもそれは、単に指導技術を向上させるだけの問題ではありません。私たちは、子どもとのふれあいから生まれる温かい空気感を生み出すために努力と工夫を重ね、そうした雰囲気の中でこそ子どもたちは安心して学習に向かえることを経験から知っています。

私たちは、これまで学校が大切にしてきた「人格」を育てる教育を守りながら、生成系ＡＩをどんな形でどこまで活用するのかをしっかりと考えておく必要があります。私は、科学の発達を最高の善とし、それが何をもたらすかということに議論が広がっていないところに大きな不安を感じます。

卒業して何十年経っても、教え子たちが私たちを慕ってくれるのは、子どもたちに知識や技能だけを教え込んでいただけでなく、彼らとしっかり信頼関係を築いてきたからです。

「オープンバッジ」というのをご存じでしょうか。これは「知識・スキル・経験のデジタル証明」のことです。

「欧米を中心に大学や資格認定団体、グローバルＩＴ企業が多くのオープンバッジを発行しており、日本でもさまざまな団体からの発行がされています。国際標準規格としてのオープンバッジは、取得した資格や学習内容を目に見える形にし、受検者や受講者を増やすデジタルマーケティングツールにもなります」

（一般財団法人オープンバッジ・ネットワークホームページ https://www.openbadge.or.jp/）

つまり、これまではどこの学校を卒業したかという学歴でしか個人の学びを証明できませんでしたが、オープンバッジによって個々人がどんな資格を持っているか、どんな研究をしてきたのか、あるいは、これまで受けてきた研修にはどんな内容があるのかをデジタル化し、クラウド上に公開することで一種の証明書のような機能を果たすというものです。大学や企業は、クラウド上で検索すれば自分たちの組織に有用な人材を確保しやすくなります。これは、学歴から学習歴へと移行する試みとして注目され始めています。

これまで多くの問題を孕《はら》んできた学歴偏重が緩和されるのは良いことだと思いますが、気になるのはこうした取り組みが、人間の一部分だけに焦点を当てているのではないかということです。人間という存在は、細かいデータの蓄積によって理解できるような単純なものではありません。もし、これが狭い意味での学力だけに焦点を当てているとするなら、学力以外の能力は軽視されるでしょう。そして、子どもたちは点数で測れる学力に秀でた者とそうでない者に分断され、恵まれない家庭環境によって学習歴を思うように積めない子どもたちは、今以上に社会での自己実現が思うようにできなくなるかもしれません。

ここで、新潟県立看護大学臨床看護学領域（母性・助産看護学）准教授で教育学博士でもある西田絵美氏の見解を紹介しておきたいと思います。これは、看護の世界の話ですが、教育の世界にも重要な示唆を与えてくれます。

「……「相手の存在やその状態」の把握を、相手の属性や背景などの諸要素を一つずつ取り上げて分析し解釈する。つまり、人間を要素や部分に分割し、それらを総合して相手を理解しようとする……」「このような思考は、まさしく主客二元論的思考に則ったものである。そして、これがエビデンス（根拠）に基づく科学的な看護と考えられている。この方法を間違いなく実施しようとすれば、膨大な知識が必要となる。それは、あらゆる情報をコンピューターに入れ込んで、スイッチを押せば情報処理された結果が出てくるようなものである。看護師がこのような思考しかできないのであれば、近い将来、看護という仕事は簡単にＡＩに取って変わられるだろう」

（西田、２０２２年、35頁）

主客二元論的思考とは、「主体（看護師）と客体（患者）という二つの対立概念を基礎に世界を理解しようとする認識論」（前掲、32頁）のことで、看護師が主体となって患者を分析しようとする態度のことを指します。

このような相手のとらえ方は、膨大な情報を集めて病状を正確に把握しようとしてはいるものの、あくまでも視点は「人」ではなく「疾病」に向けられています。「疾病」はその人の一部分です。部分にしか目がいかなくなれば、看護師の視点を「一人の人間をまるごととらえることから遠ざけることになり、看護にとって最も大切な「相手に寄り添う」ことからかけ離れてしまう」（前掲、38頁）のです。さらに西田氏は（ケアする相手に）「「対象」という語を用いている時点で、ケアの相手を物象化（モノ化）」（前掲、38頁）しているのと同じだと断じています。看護師にとって患者は「ケア」する相手であり、医学的に分析する対象ではないのです。メイヤロフも「ケア」は、相互に成長し合う関係そのものであると主張しています。

教員にとって「ケア」する相手は主に児童生徒ですが、西田氏やメイヤロフの指摘に従えば、教員が子どもを、分析する対象と考えた時点で子どもは客体（モノ）となってしまいます。それでは子どもを全体として理解することはできません。私たちが理解すべきなのは相互に紡《つむ》ぎ合う関係そのものであり、「人をまるごととらえ」ようとする姿勢なのです。教師が「この子はこういう子だ」と断定するとき、私たちは子どもを理解しているのではなく、その子の一部を「分析」しているに過ぎないかもしれないのです。

子どもに「寄り添う」ために

教育には数値では表せない大切なものがたくさんあります。自然科学と同じ基準では測れません。この点について、ボルノウは次のように指摘します。

「何が科学的な研究の対象であり、またそうでないのかということは、あらかじめ定めた科学の概念から決めるというものではなく、むしろ逆に、科学的な処理法は研究対象の方から決められねばならない、ということである」

（ボルノー、1996年、155頁）

つまり、何かを科学的に研究するに当たっては、先に分析方法ありきで研究・分析するのではなく、あくまでも研究対象によって最適な研究・分析方法が選択されるべきであり、教育においては人間学的に見た（人をまるごと見る）教育学によって研究の方法は決められるべきだというのです。

私たちは、高度な統計学的処理が為されている研究結果を前にすると、それが正しいような気になります。しかし、統計学的な分析にも限界はあります。

例えば、ある二つの事柄に相関があると統計学的に認められた場合、それらに「何らかの関係がある」とは言えても、二つの事柄に因果関係があることを証明することはできないのです。仮に、家庭学習の時間と定期考査の点数に相関関係が認められたとしても、家庭学習の長さが直接点数の向上につながったとは限りません。もしかしたら、その子の性格の方が大きな要因だったかもしれませんし、家庭内のしつけによるものかもしれないのです。

統計学がもたらした功績には多大なものがあるでしょう。ただ、教員には教員にしか持ち得ない「肌感覚」のようなものがあります。そういうものをもっと大切にすべきだと思うのです。それが、人間を全体として理解しようとする姿勢につながります。

ボルノウは教育を支えるものを「教育的雰囲気」という言葉で表しました。

「「教育的雰囲気」とは、教師と児童の間に成立し、あらゆる個々の教育的なふるまいの背景をなす情緒的な条件と人間的な態度の全体を意味する」

（ボルノウ、１９９３年、31頁）

それは全体に漂う空気感であり、さわやかな風のようなものでもあります。雰囲気は数値では表せません。教員と生徒の間で醸し出されるこの雰囲気が子どもへの信頼や期待、ある種の忍耐、そして希望によって醸し出されるものだからです。不思議なことにこの雰囲気は、教室の横を歩くだけで伝わってくることがあります。これが、一定の経験を積んだ教員なら誰しも経験している「肌感覚」です。私が、働き方改革の後に確保しなければならないと思うのは、こうした「教育的雰囲気」なのです。

ボルノウの言葉を私なりに解釈すれば、子どもの成長を信じる教員が「教育的なふるまい」を行うことで教育的な雰囲気が広がり、その中で子どもたちが「自分は大切にされている」と感じ、自信を持って行動できるようになるのです。

また、教員が一人ひとりの子どもに寄り添うのは、子どもに対して「あなたを信じていますよ」というメッセージを送るためでもあります。子どもたちは必ずしも教員に素直な反応を示すとは限りません。ボルノウはこうした子どもたちに対しても「信頼の先払い」(ボルノー、1996年、65頁)が必要であると言います。「信頼の先払い」とは、子どもという存在そのものを、必ず成長する存在として最初から信じなさいという意味です。その信頼は何度も裏切られるかもしれませんが、教員は勇気を持ってこの信頼に賭けることが重要だとボルノウは強調します。

「若い者の心をとらえる教育、より高い諸力を現実に目覚ます教育は、教育者があらゆる失望の体験にもかかわらず、たえず自分の心のエネルギーから信頼の勇気を湧き上がらせ、たえずこの信頼に自分を賭けるときにのみ、なしとげられるからである」

（ボルノー、１９９６年、65頁）

ボルノウのいう教育者の姿勢は、非常に厳格なものです。正直に言って、私もそんなことができていたとは言えません。でも、何も難しく考える必要はありません。たとえ「教育的なふるまい」の背景に子どもへの信頼が十分でないとしても、いや、逆にないと感じるときにこそ、自分のふるまいを教育的なものにすることで、逆に子どもの反応が教員の中の子どもへの信頼を創り上げてくれます。最初は演技に近いもののであっても良いと思うのです。ボルノウの指摘はあくまでも理想的な最終形であり、すべての教員が最初から身につけているわけではありません。

だからこそ、私たちは日常的にできるちょっとしたことを丁寧に積み重ねることが大切なのです。

できることはたくさんあります。

可能な限り子どもの前では穏やかに過ごすこと、命に関わる緊急事態でなければ大きな声で叱責しないこと、叱るときには必ず理由を話し、その子の生き方に結びつけてやること、また、叱るために褒《ほ》めるのではなく、褒めるために叱る（叱るときには事前に褒めることを考えておく）こと、子どもを「さん」づけで呼ぶこと、子どもに何かを渡すときにはできるだけ両手で渡すこと、皮肉を言わないこと、自分（教員）の過去の成功例に固執しない柔軟性を持って子どもと接すること、誰も蔑《さげす》まないユーモアを持つことなど、一つひとつの所作を丁寧にしていけば、必ず子どもたちは「自分たちを大切に扱ってくれている」と感じます。

同時に、そうした所作は子どもに話しやすいオーラとして伝わり、「信頼」という「貯金」となって子どもの心に積み上げられていくのです（コラム「きしむ車輪は油をさしてもらえる」参照）。「信頼貯金」は教員への信頼から「人」への信頼へと発展していきます、そうなれば子どもたちは周囲の友だちや身近な人々にしっかり向き合い、少しずつ自分らしさを創り上げていくでしょう。

長々と書いてきましたが、結論は至って平凡なことです。つまり、学校を子どもたちが「楽しい」と思える場にすること、そして、「この先生がいるから、学校に行きたい」と思える場にすること、それに良い思い出をたくさんつくれる場を準備することです。良い思い出は、確かに自分がそこで認められたという証しです。だからこそ、思い出すたびに自分の価値を再確認できるのです。

働き方改革はまだ道半ばです。時間的にも精神的にも余裕がない状況はしばらく続くでしょう。でも、ちょっとした所作を意識的に行うことに、さほど時間も労力もかかりません。働き方改革が進んだ後、私たちがどういう関係を子どもたちと結んでいくことができるか、それは今から考えておかないと間に合わないかもしれないのです。

「人間は、人間との触れ合いにおいて、人間によってのみ、発達することができるのである」

（ボルノウ、１９９３年、２０５頁）

今こそ私たちは、このボルノウの言葉をかみしめなければならないと思うのです。

あとがき

とある冬の日、久しぶりに車を洗いました。めったにしないので汚れ放題でした。特にガラスの部分の汚れはひどく、丁寧に磨いたつもりでしたが、車を他の場所に移動させたとき運転席の真横に明らかな拭き残しを見つけました。自分の杜撰《ずさん》さを痛感しました。

私たちは、目でいろんなものを見ています。目が対象物を認識するためには、光が必要です。真っ暗な場所では、すぐ目の前にあるものさえ見ることができません。私が、車の拭き残しに気づいたのも運転席側から光が射してきたときでした。ちょうど良い角度で日の光が拭き残した部分を映し出してくれたのです。けれども、その汚れは私が車を移動させる前からあったわけです。私が気づくことができたのは、光の角度が変わったからです。

どこに光を当てれば、何が見えるか。いつも一方向からしか見ていなければ、そこから見えるものはいつも同じになります。もしかしたら、光が当たっていない部分で、大きな変化が起こっているかもしれません。

また、見えていなかった部分をできるだけ鮮明に見ようとすれば、ちょうど良い角度というのが必要になります。それを探すためには何が必要なのか。その答えは人によって違うでしょうが、まずは、見ようとする意識を持つことが必要だと思います。それがなければ、強い光を一方向から当てれば当てるほど、見えない部分である影が濃くなっていくだけかもしれません。

退職して3年、自由に使える時間が増えて初めて見えてきたことがたくさんありました。学校現場にいるときは、日々の業務や生徒指導に追われて近視眼的になっていたと思います。おそらく、今、学校現場で頑張っている先生方も同じだと思います。

この本が、そうした先生方に少しでもお役に立てばと願います。

また、視点を変えてみることは教員にだけ有効な試みではありません。人が生きていく上では、どんな立場の人にも通じるものだと思います。教員以外の方がこの本を手に取っていただくことがあるなら、これ以上の幸せはありません。

最後に、出版に当たり丁寧なご助言をいただいた幻冬舎のスタッフの方々に心より感謝いたします。

2024年1月吉日

道前　弘志

引用文献（引用順　本文中に詳細を記してあるものを除く）

〈第一部〉

・栗原和彦（１９９６年）「雰囲気の言葉」（菅野泰蔵編『こころの日曜日』法研）

・泉谷閑示（２００６年）『「普通がいい」という病』講談社現代新書

・O・F・ボルノウ、森昭・岡田渥美訳（１９９３年）『教育を支えるもの』黎明書房

・久坂哲也（２０２０年）「メタ認知と学び」ベネッセ教育総合研究所　マナブコラム
https://berd.benesse.jp/special/manabucolumn/classmake19.php

・土井隆義（２０２１年）『「宿命」を生きる若者たち　格差と幸福をつなぐもの』岩波ブックレット

・小川祐喜子（２０１０年）「白山社会学研究19-29　C・H・クーリー社会学の特質」東洋大学学術情報リポジトリ

・「現代用語の基礎知識」選（２０２１年）第38回ユーキャン新語・流行語大賞
https://www.jiyu.co.jp/singo/

・寺井朋子（２０２０年）「心理学から考える「現代の」いじめ問題」（竹田敏彦監修・編『いじめはなぜなくならないのか』ナカニシヤ出版）

・岸見一郎・NHK「１００分de名著」制作班監修、脚本：藤田美菜子、まんが：上地優歩『まんが！　１００分de名著アドラーの教え『人生の意味の心理学』を読む』宝島社、２０１７年4月22日号）」

・渡辺和子（２０１４年）『面倒だから、しよう』幻冬舎

・吉田脩二、生徒の心を考える教師の会（１９９９年）『不登校　その心理と学校の病理』高文研

・泉谷閑示（２００６年）『「普通がいい」という病』講談社現代新書
・苫野一徳（２０１２年）『どのような教育が「よい」教育か』講談社選書メチエ
・道前弘志（１９９６年）『中学生の「現実感」に関する研究』兵庫教育大学学位論文
・斎藤環『１００分de名著 中井久夫スペシャル』NHKテキスト２０２２年12月号、NHK出版
・永藤かおる著・岩井俊憲監修（２０１７年）『図解　勇気の心理学　アドラー超入門』ディスカヴァー・トゥエンティワン
・松尾英明（２０２２年）『不親切教師のススメ』さくら社
・広田照幸（１９９９年）『日本人のしつけは衰退したか』講談社現代新書
・小川仁志（２０２１年）『バートランド・ラッセル幸福論　競争、疲れ、ねたみから解き放たれるために』NHK出版
・居場所カフェ立ち上げプロジェクト編（２０１９年）『学校に居場所カフェをつくろう！』明石書店
・アルフレッド・シュッツ、森川眞規雄・浜日出夫訳（１９９５年）『現象学的社会学』紀伊国屋書店
・広田照幸（２０１９年）『教育改革のやめ方』岩波書店

〈第二部〉

・ミルトン・メイヤロフ、田村真・向野宣之訳（１９８７年）『ケアの本質』ゆみる出版
・森田洋司（１９９３年）『「不登校」現象の社会学』学文社
・香山リカ・上野千鶴子・嶋根克己（２０１０年）『「生きづらさ」の時代』専修大学出版局

・土井隆義（２０１９年）『「宿命」を生きる若者たち　格差と幸福をつなぐもの』岩波ブックレット
・鈴木大裕（２０２０年２月12日）『教育新聞デジタル』「【公教育の崩壊と再構築】改革すべきは狭く偏った学力観」
・西田絵美（２０２２年）『ケアの気づき　メイヤロフの「ケア論」がひらく世界』ゆみる出版
・ボルノー、浜田正秀訳（１９９６年）『人間学的に見た教育学』玉川大学出版部
・O・F・ボルノウ、森昭・岡田渥美訳（１９９３年）『教育を支えるもの』黎明書房

参考文献（50音順）

・ＮＨＫ教育プロジェクト・秦政春（１９９３年）『公立中学はこれでよいのか』ＮＨＫ出版
・鈴木大裕（２０１６年）『崩壊するアメリカの公教育　日本への警告』岩波書店
・竹田青嗣・現象学研究会（２００８年）『知識ゼロからの哲学入門』幻冬舎
・永藤かおる著・岩井俊憲監修（２０１７年）『図解　勇気の心理学　アドラー超入門』ディスカヴァー・トゥエンティワン
・松岡亮二（２０１９年）『教育格差―階層・地域・学歴』ちくま新書
・ネル・ノディングズ、佐藤学訳（２０２２年）『学校におけるケアの挑戦　もう一つの教育を求めて』ゆみる出版

〈著者紹介〉

道前弘志（みちまえ ひろし）

1962 年兵庫県生まれ。都留文科大学文学部国文学科卒。公立中学校（兵庫県たつの市）教諭、教職大学院（兵庫教育大学）を経て、兵庫県教育委員会指導主事（県立山の学校及び県立教育研修所）、たつの市教育委員会学校教育課長、公立小中学校教頭・校長を歴任。研究論文に『中学生の「現実感」に関する研究』（1996 年度　兵庫教育大学学位論文）、「『読解力』をはぐくむ国語科指導に関する研究」（平成 21 年度　県立教育研修所研究紀要第 120 集）など。

リンゴがリンゴであるために

――子《こ》どもたちの「今《いま》」に寄《よ》り添《そ》う――

2024年１月31日　第1刷発行

著　者　　道前弘志
発行人　　久保田貴幸

発行元　　株式会社 幻冬舎メディアコンサルティング
〒151-0051　東京都渋谷区千駄ヶ谷4-9-7
電話　03-5411-6440（編集）

発売元　　株式会社 幻冬舎
〒151-0051　東京都渋谷区千駄ヶ谷4-9-7
電話　03-5411-6222（営業）

印刷・製本　中央精版印刷株式会社

検印廃止

Printed in Japan
ISBN 978-4-344-69034-9 C0037
幻冬舎メディアコンサルティングＨＰ
https://www.gentosha-mc.com/